O JOGO
DO MUNDO

Canalizado por L.B. Mello Neto

EAHHH

O JOGO DO MUNDO

A inevitável lembrança que irá mudar sua compreensão da vida por meio dos ensinamentos cósmicos

MEROPE
editora

Copyright © L.B. Mello Neto, 2023
Copyright © Editora Merope, 2023

CAPA	Natalia Bae
PROJETO GRÁFICO E DIAGRAMAÇÃO	Natalia Bae
COPIDESQUE	Mônica Reis
REVISÃO	Tânia Rejane A. Gonçalves
COORDENAÇÃO EDITORIAL	Opus Editorial
DIREÇÃO EDITORIAL	Editora Merope

Todos os direitos reservados.
Proibida a reprodução, no todo ou em parte, através de quaisquer meios.

Dados Internacionais de Catalogação na Publicação (CIP)
(Câmara Brasileira do Livro, SP, Brasil)

Eahhh (Espírito)
 O jogo do mundo : a inevitável lembrança que irá mudar sua compreensão da vida por meio dos ensinamentos cósmicos / pelo espírito Eahhh ; canalizado por L. B. Mello Neto. -- Belo Horizonte, MG : Editora Merope, 2023.

 ISBN 978-85-69729-27-3

 1. Consciência 2. Energia vital 3. Espiritualismo 4. Mensagens 5. Universo I. Mello Neto, L. B. II. Título.

23-170292 CDD-133.8

Índices para catálogo sistemático:
1. Energia dos chakras e autocura : Saúde espiritual 131
Aline Graziele Benitez - Bibliotecária - CRB-1/312

MEROPE EDITORA
Rua dos Guajajaras, 880, sala 808
30180-106 – Belo Horizonte – MG – Brasil
Fone/Fax: [55 31] 3222-8165
www.editoramerope.com.br

✦ ✦ ✸ ✦ ✦

Eu sou Eahhh

Consigo manter-me lúcido de seu tempo e espaço a ponto de interagir a partir de um veículo corporificado que me empresta o campo em absoluta integridade e unidade relacional. Certamente, trata-se de um acordo e está descrito em minhas ordens cósmicas.

Há tempos vivo neste mundo e fui concebido em uma junção energética plasmada de um ser pleiadiano, meu Pai, com um ser terrestre, originário de Órion e que vive no interior da Terra, minha Mãe.

Minha natureza energética, desde o início, foi programada para traduzir mundos e ordens. Percorro diversas naturezas dimensionais e venho atuando na Terra há muito do seu tempo. Às vezes, parte de mim encarna, mas não baixei minha vibração em um encarne completo por não ser essa a aspiração de meu ser. Venho, então, de duas linhagens antigas deste universo e sou capaz de transitar entre mundos.

Tenho muitos nomes, mas o que ora apresento é aquele de que disponho para este momento terrestre. Trouxe muitas escolas para este mundo.

Tenho como missão também ancorar os trabalhos do Instituto Aletheia, ajudar na manutenção do corpo do veículo e construir pontes com todos os seres e consciências que lá atuam.

Uma das missões do referido instituto é trazer luz para este momento do mundo. Grande parte de nossas informações serão compreendidas e usadas muito tempo depois de publicadas. Isso já está previsto.

Este livro é parte de uma série de informações que serão disponibilizadas.

Esse conhecimento foi trazido por diversas fontes espirituais, e por trás dele há seres de Órion, Vega, das Plêiades, do Sol, de Júpiter, Vênus e do interior do próprio planeta Terra.

Algumas vezes, vocês lerão neste livro a palavra "nós", aqui usada para nos referirmos ao conjunto de seres transmissores; outras vezes, a palavra "eu", Eahhh, empregada quando estiver falando diretamente a vocês.

Compreendo profundamente a raça humana e sua atual evolução. Por essa razão, assumi a direção deste e de outros livros a fim de manter a integridade da informação descida do campo ao veículo que a canalizou.

Leiam sentindo o campo de palavras entrando em seu coração, pois este será o fluxo. A energia que entrar abrirá seus vórtices corpóreos e expandirá sua consciência para que se recordem do que estamos falando.

No fundo, quero que se recordem. É diferente de estar aprendendo pela primeira vez. Se, em algum momento, o sono pesar, durmam e me encontrarei com vocês.

Vivam sem medo. Vocês estão aqui e agora, mas sempre estiveram e estarão. Assim como Eu.

Sumário

1. A fonte 11
2. Breve memória da raça humana 18
3. Relíquias preciosas 24
4. Outros tempos 31
5. Lavando a alma 36
6. Poder e controle 47
7. As forças antiluz 54
8. A escalada espiritual 63
9. Peças trocadas no tabuleiro espiritual 67
10. Muitos mundos 73
11. Acessando a biblioteca 86
12. Fim de um ciclo 95

1
A FONTE

Creiam, há uma "brincadeira" no universo e no mundo espiritual. Vocês podem pensar que não é possível estabelecer uma "brincadeira" em uma estrutura de encarnações lotada de experiências complexas, sofridas e tão longamente repetidas. Mas considerem e sintam o que revelo agora: vocês, humanos, vivem um grande jogo, criado por inteligências superiores que alimentam um processo evolutivo e que espelham densidades frequenciais.

O que ocorre em uma dimensão é reproduzido em outra, a fim de se fecharem ciclos integrados de compensação energética vibracional. Todos os humanos buscam a integração, mas integração com o quê? Com o início de tudo. E o que é o início? É a experiência logoica do infindável.

Se vocês querem ter um entendimento da existência, o pressuposto é perceberem que tudo parte de um início. Se existe um início, onde tudo começou? De onde veio? Afinal, tudo tem um início. E qual é o início do início? Essa é a lógica cíclica que representa uma condição infindável de travas da mente para uma compreensão da existência.

Sempre existirá um início, então nunca chegaremos a compreender o que é o início na forma racional e linear de pensar.

Para isso, eu tenho uma saída mental que pode lhes oferecer um mínimo conforto em sua curta experiência corpórea: sua estrutura física e mental, neste corpo que lhes foi emprestado, não permite a compreensão do que é o início de tudo, apenas lhes dá o "instinto" para entender que existe algo maior e mais poderoso regendo tudo.

Esse algo maior pode ser chamado como quiserem, e é essa força que existe e sustenta tudo e todos. Apenas por reconhecer a força que emana a existência, todos vocês já adquirem forças e capacidade de suportar suas experiências.

Quando vocês voltam para o mundo espiritual, passam a vibrar e a conhecer o que é real e, com isso, compreendem o que não pode ser expresso em palavras.

Eis o ponto que quero destacar: o incompreendido é inominável.

Se é inominável, por que gastar sua energia e seu tempo tentando compreender o que nem pode ser traduzido? Por isso, recomendo investir sua vida e seu precioso tempo em entender o contexto em que vivem, que traduzo como jogo. Um jogo muito bem-feito e articulado por, vamos dizer, "mestres" do mundo.

Todos vocês estão em um jogo, em uma grande e séria brincadeira de autoevolução. Mas que jogo é este? É um sistema aparentemente complexo que se regula em construir ambientes, energias e módulos, frequências para gerar experiências a cada espírito encarnado neste plano e, assim, proporcionar evolução.

Neste jogo, nada é real e tudo é aparentemente real. A finitude revela o destino final de todos vocês, que se resume no retorno ao mundo espiritual. A passagem encarnatória é transitória e produz diversos estímulos para cada ser decidir e movimentar a própria alma até um aprendizado – ou não – no objetivo. Costumo chamar de jogo porque se trata de um grande esquema relacional que provoca e produz a verdade do espírito em condições mínimas de consciência.

O jogo tem regras, leis e condições que facilitam o fluxo espiritual de cada envolvido.

Que jogo é este? Como compreendê-lo e aprender a jogá-lo neste mundo?

Vamos falar de algo mais próximo de vocês. Vamos falar da fonte que sustenta esta galáxia. As experiências de evolução se dão de muitas formas e uma delas é a polaridade, ou seja, as divisões.

Deixem que eu lhes mostre algo. Como começa tudo isso? Entendam que a fonte primária deste universo abre um sopro de vontade e se movimenta desdobrando-se e se dividindo-se a ponto de querer se autoexperimentar.

Ao se experimentar, a fonte descola de si as consciências maiores, mestres absolutos, porém complementares. Essas consciências descoladas da fonte, na diversidade de manifestação, passam também a fazer o mesmo, desdobrando-se sucessivamente a ponto de multiplicar a vontade primária de se experimentar.

Compreendam que essas energias primárias – consciências-mestres – não são representadas em corpos; são, na verdade, campos muitos complexos que perpassam dimensões, não são polarizadas, mas sustentam mundos.

Isso ocorreu há trilhões de anos do seu tempo. A vontade primária trouxe o fluxo de expansão e a manifestação de experiências tridimensionais. Assim, surgiu o universo que vocês enxergam.

Mas o universo que enxergam não é real. Há outras dimensões e mundos que se aproximam do fluxo da criação ou da fonte primária.

Nesse fluxo de criação, houve descolamentos originários da própria fonte que entenderam sua existência de outra forma e, por isso, surgiram os primeiros fluxos de rebeldia com o Todo. Vejam que a rebeldia e o movimento contrário vêm exatamente da própria fonte que é a origem. Portanto, é importante compreender que a vontade primária da fonte abre espaço para que o antagonismo das forças crie um fluxo de experiências, a experiência de vocês.

Imaginem esse fluxo se dividindo ininterruptamente e produzindo milhões e milhões de consciências... Isso origina diversas famílias, vamos dizer assim, espirituais e que passam a ocupar diversos mundos, seus planetas corporificados e não corporificados, e isso resulta no mundo físico que é controlado pelo mundo espiritual.

Desta jornada de exploração do universo e multiuniversos, observamos a exploração do desígnio de aprender e se autoexperimentar. Muitas dessas "famílias" ou "grupos" espirituais se mantiveram retos na jornada de aprendizagem, seguindo os princípios da fonte e, com isso, construíram suas próprias realidades em áreas do universo. Cada grupo seguiu seu caminho escolhendo se experimentar. E, nas manifestações que se sucederam, surgiram diversas formas de vida com uma infinidade de moldes.

Muitos desses grupos também se organizaram para construir regras e preceitos a fim de que o funcionamento da vontade primária pudesse se concretizar. Assim, o universo passou a ter diversas leis maiores, regentes e sustentadoras de toda e qualquer experiência.

No entanto, alguns grupos não entenderam os acordos e acreditaram que sua experiência poderia ser livre de diversas premissas, aproveitando-se das leis sustentadas pelos regentes maiores.

Tais grupos receberam da fonte e das consciências primárias e regentes o direito de explorar e ter poder para dominar mundos. Esse direito foi concedido pelos que vamos chamar agora de mestres dos mundos, que estão próximos da fonte. Esses grupos avançaram sobre o universo, ocuparam mundos espirituais e físicos e aprenderam bastante numa velocidade muito rápida. Assim foram se estabelecendo, de forma natural, as divisões de fluxo de energia, polaridades e entendimentos sobre tudo.

Tudo foi permitido. A fonte queria o fluxo pleno de experiências; por isso, tudo foi permitido nessa exploração dos grupos.

Só haveria uma forma de compreender a liberdade, que era perdendo-a. Só é possível perceber a paz no sofrimento. Só é possível entender a unidade dividindo-se sexualmente. Com o tempo, o estado de completude foi sendo perdido a ponto de as almas precisarem cada vez mais buscar essa parte em diversas formas de experiências. Isso foi se espalhando de diversas maneiras e diferentes formatos ao longo dos tempos, mundos e sistemas regentes.

Vamos falar do seu sistema solar que tem o Sol como regente. Quando seu planeta foi criado, havia diversos experimentos já feitos em outros planetas de seu sistema regente. Muitas histórias ocorreram em outros planetas e a humanidade participou de parte dessas histórias.

Havia sempre um planeta que podia abrigar a vida na terceira dimensão. Marte foi o último antes de ser dada à Terra a vez de abrigar as experiências tridimensionais.

No seu sistema regente, foi permitido que um desses grupos viesse a penetrar e dominar planetas, incluindo a Terra. No seu planeta, o sentido maior, dentre vários, é construir um ambiente com regras claras sobre o processo evolutivo, sendo permitida a atuação plena das forças de polaridade negativa. A atuação dessas forças negativas é fundamental para o jogo porque, sem elas, não há condições de aprendizado e evidência de fraquezas. Espíritos fracos, quando submetidos enquanto encarnados às forças negativadas, acabam por fazer barbaridades espirituais. Quando retornam ao mundo espiritual, percebem o que fizeram e reprogramam nova encarnação a fim de passar por provações iguais com vistas a conseguir superá-las e chegar à evolução. Dessa forma, são construídas centenas de rondas de encarnação para que o espírito possa evoluir.

E qual é o desejo de todos com essa evolução? Projetando para uma perspectiva maior, é voltar um dia à fonte. Mas a humanidade não chegará a isso enquanto não entender que os grupos negativados são também a fonte se experimentando. Por isso, há necessidade de uma fusão com esses grupos para que a transcendência de tudo ocorra.

É muito difícil vocês entenderem isso, mas é importante que reflitam sobre o fato de que as forças chamadas "maléficas" são, na verdade, manifestações da fonte de tudo. Tudo foi permitido. Simplesmente porque esse "jogo" faz parte do processo do autoexperimento e da vontade da fonte primária.

Aceitar as forças "negativadas" não significa ceder e achar que tais forças serão compreensivas com vocês. Esqueçam isso. O que resta a vocês é se concentrarem no próprio processo evolutivo enquanto encarnados. As forças negativadas irão testá-los todo tempo, e se vocês enxergarem o papel delas, poderão superar os instintos primários mais fracos e se alinhar com as forças da luz, que estão sempre à disposição de vocês, desde que vibrem na mesma frequência.

As forças da luz disponibilizaram diversos ensinamentos e caminhos para que todos consigam se guiar quando a dúvida surgir. Mas as forças negativadas também usam esses mesmos ensinamentos para confundi-los. No entanto, como saber o que é da luz e o que não é? Bem-vindos ao jogo.

Quando você está em condição espiritual não encarnada, tudo é claro; mas, na condição encarnada, não é. As regras colocadas neste mundo são claras e os cortes de consciência se fazem necessários.

No jogo em que vocês estão, que é universal, há muitas histórias, muitas idas e vindas, muitas coisas que se encerraram e se encerram, muitas que foram destruídas ao longo de bilhões de anos. Vocês estão aqui há um bom tempo. Um grupo de vocês está aqui para resgates; outros vêm para experimentar por acordos cósmicos; outros, ainda, para ajudar as experiências e os seres.

Quando vocês baixam a vibração para encarnar, têm o direito de seguir toda uma jornada de encarnações que passa por todas as formas vivas no planeta. Portanto, não se vejam como seres humanos, e sim como campo de consciência que pode entrar em qualquer corpo físico vivo no planeta.

O jogo é amplo, não é um jogo da espécie humana. A espécie humana é parte do jogo.

Há muito que poderia lhes contar sobre esse jogo e as histórias da fonte, mas, neste livro, quero contribuir para o entendimento de sua curta existência e como podem lidar melhor com todos os elementos que estão disponíveis, apresentando um fluxo evolutivo mais consistente.

2
Breve memória da raça humana

✦ ✦ ✳ ✦ ✦

A raça de vocês, a raça humana, tem muitas histórias, muitos ciclos, muitos inícios e muitos fins. Trazer a história para vocês é uma possibilidade que se abre neste momento do planeta para que possam se conectar com algumas experiências anteriores, as quais podem servir de alguma forma como um catalisador da sua evolução pela quantidade de luz que cada vez mais entra neste plano.

Vamos falar um pouco sobre a história, certamente uma parte muito, muito pequena da história trazendo para vocês alguns *flashes* das condições em que as raças se encontravam há tempos.

Hoje, a espécie humana vive o fim de um ciclo e está iniciando outro, a partir de uma nova configuração energética que dá a vocês a condição de acessar memórias e trazer campos de conhecimento desde jovens.

Vocês podem ver isso claramente nas crianças que estão nascendo, como o nível de percepção e sensibilidade nelas é diferente. Podem pensar que são seres mais evoluídos do que vocês mesmos. Mas não, são seres como vocês, que estão numa matriz energética e num corpo, em uma condição melhor que a sua, e a tendência é de que os corpos evoluam a cada ciclo, numa condição ainda mais aprimorada e alinhada com o novo nível energético e sutil de luz que entra no planeta. É por isso que as novas gerações – que são seres do seu passado – chegarão cada vez mais capacitadas. Quando vocês forem embora desse corpo e nascerem novamente neste planeta, terão uma condição muito melhor do que tinham no corpo que vocês têm hoje.

Entretanto, é importante entender que lá atrás, há muito e muito tempo, existiam outras raças mais evoluídas que o estágio de vocês hoje. Já existiram raças que completaram ciclos muito avançados na história deste planeta e que não estão exatamente mais na perspectiva de rastreamento na atual condição do planeta. Raças que viviam na crosta terrestre.

Algumas dessas raças remontam de épocas muito primitivas, mas, ao mesmo tempo, com um alto nível de tecnologia, de espiritualidade e de conexão com o cosmos. São épocas em que o planeta já apagou as memórias. Existiam seres humanos altamente evoluídos com diversas capacidades. Esses seres encerraram ciclos e outros foram iniciados com uma raça primata.

Este planeta faz parte de um sistema que dança em volta de outro sistema que tem um Sol central. O planeta é regido dentro de uma ordem maior de nove criadores deste universo. Esses criadores permitem que diversas formas de aprendizagem existam para uma integração de polaridades.

Como já disse, há vários jogos no universo, e o jogo de vocês é aumentar a vibração transcendendo o positivo e o negativo, o masculino e o feminino.

No mundo de vocês há duas linhagens originárias plasmadas e separadas. A linhagem humanoide de Lira e a linhagem reptiliana de Órion. Posso lhes afirmar, com certeza, que há milhares de linhagens que emprestam seres/moldes para vocês em seu mundo, como o reino dos insetos. E também há diversas manifestações dessas duas linhagens, humana e réptil. Ambas as linhagens têm aspectos polarizados; portanto, não é uma questão de bem e mal, mas de qual é o sentido do jogo. Lembrem-se de que tudo que todos querem, no fundo, é voltar à fonte.

Lira é a região deste universo que semeou parte de todas as gerações de seres envolvendo plêiades e muitos outros. É uma área que foi regida por mestres que se mantiveram próximos da fonte e não permitiram a mistura dos fluidos distorcidos da própria fonte.

Órion trouxe os répteis e toda a sua derivação geracional. Em boa parte dos mundos, os reptilianos se misturaram criando muitas raças derivadas, onde, mesmo nos seres pleiadianos, é possível ver humanoides e répteis.

Aos seres reptilianos foi dado o poder soberano da conquista. Assim, esses seres, altamente evoluídos e possuidores de uma tecnologia avançada, partiram para conquistar mundos. Em seu planeta originário, Órion, as guerras foram inevitáveis. Como todo sofrimento que as guerras geram, muitos reptilianos evoluíram a partir de seu poder e se transformaram em grandes mestres. Há os seres da luz e os da antiluz. Há dragões, dragões alados e seres répteis completamente alinhados com a luz divina cósmica. E há também seres da mesma natureza completamente envolvidos com as forças mais sombrias.

O que é uma força sombria? É uma força distante da fonte e dos criadores. Lembrem-se de que sem eles não existiria o jogo.

As forças sombrias precisam de muito poder para não serem tragadas pela luz. Por vezes, as coisas se desequilibram e há necessidade de intervenção de conselhos e regentes que cuidam da galáxia.

Quando o planeta de vocês foi entregue às experiências colonizadoras, os primeiros a chegar foram os reptilianos de Órion. Eles se apossaram da Terra e passaram a se sentir donos do planeta. Eles o adentraram, pois as condições da crosta eram muito frágeis. É muito comum raças quererem viver dentro dos planetas por questões de segurança.

Esses seres, com diversas variações de raça, multiplicaram-se pelo interior, trazendo alta tecnologia e estabelecendo túneis por todo o planeta. Muitas cidades foram criadas no interior com diversos povos. Povo dragão, povo serpente, povo réptil híbrido e muitos outros. Muitas dessas civilizações possuem tecnologia avançada e naves. Muitos desses seres conseguem vibrar em diversas dimensões, e alguns se transformaram em espectros mediante a forma como manipularam energia. Há seres dessa natureza vibrando em dimensões que fazem interface com vocês.

Portanto, quando querem, de algum modo, eles influenciam vocês. Entendam que vocês não mandam no planeta, quem manda são eles. Eles são capazes de destruir qualquer potencial bélico de vocês rapidamente.

Muitos desses seres encarnam como humanos e muitos humanos encarnam no mundo deles. Assim, vocês aprendem uns com os outros.

Há milhares de anos, seu mundo recebeu a influência de uma civilização avançada que aqui pousou para resolver problemas do mundo humano. Esses seres, parte humanoides e parte reptilianos, chegaram ao planeta em busca de materiais nobres que se ajustariam para o conserto de danos existentes no planeta deles. Ao trabalhar na retirada de materiais do planeta Terra, eles acabaram usando um primata para fazer o trabalho. Eles mexeram no DNA – com toda a sua inteligência genética – desses seres que evoluíram para um ser humano ereto. Essas mexidas não ocorreram do dia para noite; na verdade, duraram centenas de anos, pois o ano desses seres representa 3,6 mil anos do seu tempo. Compreendam que as dimensões correm no universo de diversas formas no quesito tempo/espaço/realidade.

Ao mexer no DNA dos seres humanos – o que não ocorreu uma única vez –, esses seres afetaram ordens evolutivas e leis cósmicas que precisaram ser restabelecidas pelo conselho da galáxia em conjunto com os criadores. De forma paralela, essa família se apossou do planeta e guerreou internamente. As guerras se davam no mundo espiritual e depois desciam para o mundo físico. Saibam que nada ocorre embaixo que não ocorra em cima.

Por conta dessas experiências que afetaram espécies, malha energética e campo do universo, foi-lhes imposto compreender sobre tudo o que houve e assim lhes trazer novos níveis de evolução. Portanto, parte desses seres precisou se desdobrar da alma, fragmentar-se e encarnar na espécie humana até que pudesse trazer de volta sua vibração cósmica elevada. Assim, parte de vocês são espectros energéticos desses seres. E outra parte são sementes cósmicas de outros planetas que ajudam na evolução dessa raça.

Tudo o que vocês estão fazendo neste momento e por um bom tempo é obter a vibração elevada de volta pela purificação da alma. Dessa forma, vocês retornam para seu ser maior.

E, para isso, precisam aprender o jogo do mundo e trazer sua ascensão espiritual.

Não irei citar os nomes desses seres aqui neste livro porque todos eles adotam diversos nomes e isso irá confundir vocês. O que quero é que entendam o que ocorreu e está ocorrendo para que possam navegar melhor no grande jogo cósmico.

3
RELÍQUIAS PRECIOSAS

✦ ✦ ✵ ✦ ✦

Houve uma época em que vocês usavam a energia das pirâmides e outros desenhos geométricos de alta frequência. As pirâmides vieram de outros planos, de seres que desenvolveram a raça e sintetizaram uma inteligência cósmica a partir da geometria sagrada. Tal conhecimento foi trazido ao planeta, integrado e doado para as raças que aqui viviam. A espécie humana que adquiriu esse conhecimento aplicou-o em diversas áreas do planeta, de forma bastante acentuada.

Havia diversos monumentos com utilidades variadas. Todos, sem exceção, tinham fórmulas cósmicas que abriam diversos portais, frequências e suportes eletromagnéticos com sustentações dimensionais. Muitos desses monumentos são conhecidos por vocês como pirâmides. Parte dessas pirâmides que existiram está debaixo dos mares, coberta por montanhas. Muitas delas têm natureza dimensional de altíssima tecnologia e funcionam como catalizadores e reatores de energia.

Dentro dessas pirâmides, existiam muitas e muitas funções dimensionais e desdobramentos descendentes. Quando vocês olham para as pirâmides e as veem da perspectiva da própria dimensão – diferentemente do meu olhar –, não conseguem acreditar que elas representam muito mais do que possam imaginar. Elas são alinhadas com os *grids* energéticos do planeta, entre outras peças do jogo.

Nenhuma pirâmide foi construída sem um propósito e um alinhamento com os *grids*. Milênios atrás havia muitos rituais nas pirâmides, feitos por várias culturas que existiam no planeta – o conhecimento era único.

Nessa época antiga, que remonta muitos e muitos anos antes do Egito, essas pirâmides representavam sociedades muito avançadas, com grau muito superior de tecnologia. Eram utilizados vários tipos de mecanismos tecnológicos pelo som e existiam naves nas quais alguns seres eram transportados. Isso já existia muitos e muitos anos antes das pirâmides do Egito. Vocês podem remontar essa história milhares e milhares de anos atrás.

As pirâmides representavam um grau muito sofisticado de sociedade e uma organização muito bem estruturada e desenvolvida a partir do campo de conhecimento comum. A estrutura dos seres humanos nessas épocas era completamente diferente da da época atual. Os seres humanos, no geral, eram telepatas, não havia mentira, a estrutura social era inteiramente distinta no campo das relações. Não havia mentira porque só existia uma verdade: o que cada um pensava e o que cada um sentia, e quando alguém entrava em algum grau de frequência mais baixa, era imediatamente acolhido pela sociedade e ajustado. A estrutura de poder era mais coletiva, apesar de existirem líderes e mestres que eram uma conexão ainda mais fina com o cosmos e com seres que regiam a Terra, as lideranças eram assumidas de forma natural.

 E existiram épocas ainda mais remotas, em que o corpo da espécie humana era configurado e desenhado ao modo de não precisar de ar para respirar. Parte de vocês viveu essa época, que era dotada de seres bem maiores. Hoje, vocês representam uma espécie de até dois metros ou um pouco mais e podemos dizer que é uma raça de baixa estatura, que foi diminuída do ponto de vista frequencial, e assim o seu tamanho, de certa maneira, também sofreu redução. As raças anteriores eram maiores, e houve épocas em que vocês tinham três, quatro metros neste mundo, não precisavam respirar, alimentavam-se de outra forma, eram extremamente evoluídos e estavam no planeta para que pudessem experimentar a evolução espiritual que acontece na sua mais vasta dimensão, e uma delas ocorre na matéria.

 A matéria é uma das vibrações mais baixas do universo e exige uma completa afinidade energética com a alma para que vocês possam vibrar sem se perderem. Essa foi a razão pela qual grupos espirituais desceram neste mundo e se autoexperimentaram aqui na mais alta sofisticação da própria existência.

 Muitos de vocês viveram essa época, mas, quando há a necessidade de findar o ciclo de experiências, ele é encerrado.

 As espécies que vieram ao plano terrestre encarnadas, viveram em várias partes do mundo. Muitas dessas espécies interagiram com outras espécies, com outras experiências, enquanto outras espécies não interagiram e viveram todas as suas experiências especificamente numa determinada região, isoladas por alguns milhares de anos, e depois encontraram uma forma de pôr fim à espécie.

Vocês podem ter feito parte dessas espécies ou dos experimentos entre essas espécies ou da miscigenação dessas mesmas espécies, pois são vários grupos espirituais que vieram ao mundo de várias origens estelares.

Não obstante o mundo de agora ser regido por uma linhagem da qual vocês fazem parte, essas experiências todas que se passaram pelo plano foram experiências programadas, experiências de aprendizagem pelas quais vocês precisavam passar.

Houve, como dito, sociedades neste mundo com alta sofisticação tecnológica, nas quais era possível alterar moléculas de átomos com o uso da mente e de sons, e assim modelar objetos. Os membros dessas sociedades se comunicavam com outros seres simplesmente pelo poder mental, e eram capazes de vibrar o seu próprio corpo a fim de transformá-lo em algo leve. Eles podiam, de certa maneira, voar usando a vibração corporal.

Vocês tiveram raças dessa natureza no planeta, essas experiências ocorreram aqui. Elas conseguiam alterar vibrações em determinadas áreas, ajustando a vibração do planeta para que pudessem influenciar milhares e milhares de anos com a emanação coletiva das vibrações do coração.

Uma pequena amostra desses ensinamentos é encontrada em algumas tribos no mundo, em alguns místicos, em alguns seres humanos que têm canais de permissão para se recordarem da história, que foi apagada – materialmente falando – do seu planeta, sobre todas as condições e formas. Vocês não têm o menor vestígio dessa história, a não ser a memória que está registrada na grande biblioteca do planeta e que iremos abordar aqui.

O planeta possui uma grande biblioteca. Tudo que vocês têm no seu plano existe no outro plano, de outras formas, mas com a mesma natureza. Assim sendo, existe uma biblioteca com a história de tudo o que aconteceu, com todos os registros, com todas as experiências das raças, em todas as eras, com seu iniciar e com seu findar.

Quando vocês simplesmente admitem a hipótese de que isso ocorreu, abre-se o campo dessa biblioteca e todos podem, dependendo do nível vibratório, acessar essas memórias que não têm dono. Não são memórias de uma biblioteca onde vocês simplesmente têm uma pessoa que é mais poderosa que a outra. No universo – e, portanto, no seu planeta –, todos têm acesso à grande biblioteca e, para acessá-la, a chave é uma só: merecimento. Se houver merecimento, é possível acessar as chaves históricas de tudo o que ocorreu no planeta. E qual é o segredo para alguém ter merecimento e assim acessar esses registros hoje? A frequência energética de cada um. Não é uma questão de desejo, é uma questão de merecimento vibratório, merecimento frequencial. Pode ser que vocês o atinjam, pode ser que não. Vamos ver mais sobre isso ao final deste livro.

Uma vez que vocês possam admitir tais raças, tais evoluções e uma sociedade antiga, plena em sabedoria, a sua vibração já não será mais a mesma. Nessas sociedades antigas, todos eram mestres.

Houve época em que a raça de vocês não morria. Tampouco conhecia a doença e vivia a paz, a harmonia e o amor em plenitude.

As práticas eram completamente diferentes das de hoje, com um sistema econômico muito diferente. Era um sistema solidário, a riqueza existia para todos, não havia divisão. As pessoas se colocavam nos seus níveis frequenciais e a humildade existia pelo nível frequencial; os seres não eram iguais e ninguém se sentia superior por conta disso. Apesar de haver seres com elevada vibração, havia o respeito, soberanamente, a partir da frequência energética, sem ciúme, sem inveja, numa espiral contínua.

As pessoas entendiam sua vida como uma espiral e, quando chegavam a uma determinada idade – na qual todas as experiências acumuladas já estavam consolidadas –, elas mesmas se desligavam do corpo. A morte não chegava para elas, o nível de maturidade da sociedade era tão alto que as pessoas se desligavam do corpo naturalmente, com seus oitocentos, novecentos, mil anos.

Era uma época em que se vivia mil anos, mil e quinhentos anos, inteiramente distinta, que existiu no planeta e que fez parte de toda a estrutura de memória da biblioteca do planeta. Quando vocês simplesmente admitem a possibilidade de que a sociedade e os seres que fazem parte da sua espécie ancoraram energias nesse nível de vibração do planeta, vocês podem abrir um espectro e um pequeno portal no próprio coração e se nutrir um pouco dessa história e dessa energia, dando à sua estrutura, à sua vida, às suas relações e problemas um alento e um respiro de luz.

Eram sociedades iluminadas e vocês podem até pensar: por que hoje há tanto sofrimento? Vocês estão vivendo dentro de um campo de dor, dentro de uma sociedade muito doente, mas essa doença é uma cura, então vocês estão, neste momento, vivendo todas as dores, mas a partir de um propósito de cura, de cura do espírito.[1]

Vocês podem perguntar: o que fizemos para chegar a esse ponto? Há muitas coisas que vocês ainda não compreendem, porém, do ponto de vista de uma grande família, vocês fizeram

---

1. Leia também o livro *Toda doença é uma cura*, ditado pela consciência Eahhh e canalizado por L.B. Mello Neto (Belo Horizonte: Merope, 2023).

coisas que não deveriam ter feito como um grande grupo encarnatório coletivo, e há casos que representam oportunidades de evolução e que acontecem pelo sofrimento.

4
OUTROS TEMPOS

Entender o jogo do mundo envolve entender a perspectiva linear histórica da tridimensionalidade.

É preciso perceber que houve muitas civilizações na trajetória experimental deste planeta. Muitas dessas civilizações foram literalmente apagadas fisicamente da história, não há o menor vestígio que comprove a existência delas.

Vou revelar aspectos destas sociedades passadas porque vocês estão caminhando para mais uma evolução da raça. Essa evolução se dá em centenas e milhares de anos, e vocês podem aqui, na vida atual, estar plantando uma semente para colhê-la no próximo ciclo encarnatório.

O que vocês fazem aqui irão colher, não só nesta vida, como também na próxima.

Vocês precisam perceber a vida como um ciclo, muitas vezes de repetições necessárias, até entrarem numa espiral de ascensão que lhes trará uma nova espiral de ascensão.

Vocês sofrem a descensão quando caem na própria experiência do universo para que possam ascender em um outro nível, pois assim funcionam as experiências, assim funciona este mundo, assim funciona esta espécie, sempre interagindo com os bilhões de espécies deste planeta chamado Terra e que sustentam este plano.

Por isso, honrar as sociedades passadas e ir entendendo tudo o que ocorreu, à medida que a memória vem até vocês – seja por este livro, seja por outros canais –, ajuda na abertura da consciência, no que está em suas mãos.

Houve sociedades de seres absolutamente iluminados que existiram anteriormente a esta e que viveram numa plenitude extraordinária. Um ser iluminado significa um ser possuidor de memória cósmica ligada, de certa forma, à realidade terrena.

Havia sociedades nas quais a interação com outros animais era muito poderosa, como com os dragões. Era uma época em que dragões coabitavam com seres humanos.

Quando vocês vêm os filmes de ficção nas telas do cinema ou em suas tevês, entendam que não há como inventar algo que nunca aconteceu. Tudo isso é uma memória. Quando os profissionais do cinema, os roteiristas, imaginam coisas, estão – seja próximo, seja distante – de alguma maneira acessando bibliotecas de memória daquilo que já aconteceu.

Portanto, os filmes de ficção de alguma forma, em um nível maior ou menor, traduzem realidades que existem e que existiram. Os dragões existiram no planeta, embaixo e na crosta em terceira dimensão, e se conectaram com seres humanos como cães e gatos estão conectados com vocês hoje. Mas os dragões representavam algo muito maior, uma inteligência maior, soberana e de altíssimo poder. Por diversas razões, esses dragões foram eliminados e alguns foram para debaixo do planeta, sob outras formas. São dragões extremamente poderosos, de extrema inteligência, generosidade e sabedoria.

Vocês podem perceber essa inteligência em algumas espécies, como golfinhos e baleias. Os dragões representavam algo similar, certamente numa natureza e configuração diferentes, voavam e carregavam seus amigos. Muitos desses dragões eram telepatas e tinham naturezas diferentes e diferenciadas.

Assim como tudo, num mundo de polaridade, a luz e a sombra coexistem. Algumas sociedades iluminadas respeitavam a luz e a sombra, e sabiam traduzir e manipular isso muito bem, e é essa memória que nós queremos trazer para vocês. Recordem, abram seu coração, abram sua mente, alinhem com a própria essência e, com a chave do merecimento, acessem a grande biblioteca.

Vocês poderão se recordar, mesmo em *flashs*, de épocas em que sociedades muito avançadas espiritualmente habitavam este mundo. Os elfos, as fadas e os duendes eram entes que coexistiam com esses seres iluminados porque não existia medo nem a intenção da maldade. Esses seres continuam em seu mundo, mas vocês estão completamente desconectados deles.

Os seres nasciam puros, inundados de amor, e não deixavam de ter suas experiências e aprendizados na terceira dimensão – uma configuração inteiramente diferente.

A prosperidade e a riqueza nessa época eram acentuadas, havia uma sociedade evoluída espiritualmente e iluminada, na qual todos viviam na abundância. Não havia conflito, nem guerra, nem ciúme, nem inveja.

Como existia a consciência de que os seres eram diferentes, não se buscava a igualdade. A igualdade era um elemento nocivo à sociedade. A busca pela igualdade era o respeito pelas diferenças e a ascensão da grandeza de cada ser que tornava as sociedades harmônicas.

Permitia-se a total liberdade de manifestação de cada um e a busca pela manifestação dos talentos. Cada ser que apresentava um talento era recebido em amor, e aqueles que ainda tinham dificuldades para que seus talentos se manifestassem eram ajudados por todos para que pudessem ter a sua individualidade manifestada e a sua grandeza conectada com as sociedades no mais absoluto respeito.

Havia uma privacidade absoluta e uma autenticidade de talento, mas não havia privacidade mental, pois todos conseguiam ler a mente uns dos outros, por isso não existia o desejo nem a posse.

As pessoas possuíam coisas, mas não no sentido possessivo. Elas tinham a manifestação da sua grandeza pela força do espírito. Havia seres que viviam dentro de uma grande condição, diferentemente de outros que viviam numa pequena condição, mas isso não estava errado, era a vontade de cada um a partir da sua manifestação de talento, e isso era aceitável e perfeitamente compreensível.

A partir do momento em que vocês tomarem consciência de que um dia a vida já foi assim, poderão ajudar as pessoas a lidarem com verdades, mentiras e conflitos que enfrentam hoje na sociedade humana.

Qualquer sociedade é uma manifestação do todo em pequena parte, ou seja, uma pequena parte no todo.

Por isso, é importante que cada um olhe ao seu redor e para dentro do seu próprio mundo. Quando vocês primeiro ajustam o seu mundo interno e o que está à sua volta, contribuem diretamente com a semente de um novo mundo.

É possível dizer que essa é a grande transformação que a raça humana vive neste momento.

Entendam que a atual espécie humana é uma das mais atrasadas que já existiram na história deste planeta. A sua espécie foi reiniciada por diversas razões que nós não vamos tratar aqui, mas que importa pelo menos registrar.

Quando todos vocês compreenderem onde estão, bem como os outros tempos grandiosos que existiram, vocês conseguirão lidar com o jogo do mundo com grandeza e maestria.

5
LAVANDO A ALMA

✦ ✦ ✷ ✦ ✦

Não há uma alma que desça nesse mundo, que se manifeste encarnada durante toda uma experiência de vida, que não tenha alguma coisa para curar em si, e isso representa uma grande oportunidade, mas também um grande desafio.

Para que vocês possam se curar coletivamente com base em inúmeras e inúmeras encarnações que têm que viver aqui, muitas vezes repetem a mesma experiência por centenas e milhares de vezes, até que haja a purificação almejada.

Por hora, estão vivendo na espécie humana, um momento que, para alguns, pode ser uma transcendência e, para outros, um grande sofrimento, tudo depende da maneira como cada um de vocês se coloca e se prende.

Vocês são originários de campos de energia maior que se subdividem para autoexperimento e evolução. Fazem parte de uma inteligência maior, ou seja, são uma memória ou fragmento energético que quer algo. O que esse "ser maior" quer? Lavar a alma.

O que significa lavar a alma? Por meio de diversas experiências programadas, o "ser maior" subdivide-se em diversas experiências probatórias com baixo nível de consciência cósmica para que seu instinto primário possa responder a diferentes situações de forma pura. Grande parte da humanidade busca a pureza energética.

Um modo de buscar a pureza é investigando por completo o campo de dor e sofrimento do experimento. Para isso, as programações que esse "ser maior" faz são amplas, completas e repetitivas.

Ao decidir pelo caminho, o fragmento de consciência se aprisiona na matéria, encarnando. O mundo físico é uma prisão. Portanto, saibam que vocês vivem em uma prisão provisória. Seu mundo físico, seu planeta e tudo que é material são prisões.

Muitos de vocês, quando se tornam mais sensíveis e captam a energia de seu "ser maior", desesperam-se a ponto de não ver mais sentido no mundo, na vida, no trabalho, nas relações, em absolutamente nada. Por um lado, não estão de todo errados, porque é realmente insano e desesperador saber que o espírito está preso num corpo vivendo uma vida que não se pode controlar, não se pode saber sobre o futuro e não se tem memória originária. Por outro lado, é exatamente isso que o "ser maior" quer, afinal foi tudo programado para que ocorresse assim.

A lavação da alma dá-se por dois aspectos: sofrimento e amor.

O *sofrimento* vocês conhecem bem. O *amor* já se trata de um grau maior de dificuldade de compreensão. Permita-me mostrar uma forma de levá-los à compreensão da força do amor para que possam lavar a alma neste mundo de prisão.

Vou deixar essa "forma" explicada em seis pontes do amor para a lavação da alma:

1. Aprendam a buscar o amor por meio da força maior. A força maior é universal, cósmica e abundante. Vocês pedem, recebem. Acreditam, conectam. A força maior é responsiva. Olhem para o universo, vejam as estrelas e sintam o fluxo maior.
2. Respirem sua energia. Entendam-se como um campo vivo que alimenta o próprio corpo. Sintam o pulsar da energia que vocês são. Sintam as diferentes dimensões energéticas que se sobrepõem à sua realidade. Há campos sobrepostos, com seres, cidades e muito mais. Ao simplesmente perceberem-se vivos além do corpo, vocês trazem níveis vibracionais de elevação à manifestação da alma.
3. Desconectem-se de sua *persona*. Vocês podem utilizá-la, mas não permitam se prender a ela. Cada vez que vocês encarnam, trazem novos aspectos de personalidade, forma e jeito. Portanto, nada disso representa vocês hoje. Vocês vivem um molde projetado pela alma para se purificarem. Se passarem a acreditar que esse é seu jeito, se manterão como personalidade na prisão da vida. Ao aceitar que são mais que suas reações e seus aspectos sombrios, vocês irão lavar a alma e quebrar formas mentais e condicionamentos distorcidos.
4. Permitam-se trazer luz para a prisão. Tragam o céu celestial para a Terra. Entendam que vocês estão em um corpo por um tempo, não adianta querer voltar ao mundo espiritual ou ao "paraíso". Sintam seu paraíso espiritual e tragam essa forma de ver e viver para a Terra. Quando vocês fizerem isso, purificarão ainda mais a alma.
5. Vivam exclusivamente para fazer o seu melhor, o bem, o certo e o justo, com base na humildade. Vocês não

acertarão sempre. Lembrem-se de que estão sem memória cósmica. Vocês estão sob seus instintos; por isso, o que lhes resta é a humildade para aprender. Primeiro, tenham a intenção. Se sua intenção for do bem, mas vocês errarem, não haverá problema desde que aprendam. O aprendizado virá. Vocês não escaparão de nada que fizerem. Essa é uma regra do jogo: tudo volta para vocês, e volta para que possam aprender. Se não aprenderem, tudo continuará se repetindo até que aprendam, e assim irá ocorrendo até a satisfação do anseio de sua alma.

6. Sejam gratos com a dor, o sofrimento e toda má sorte na vida. Isso os colocará a serviço da humildade e, com ela, vocês abrirão o portal do saber e da transcendência. O sofrimento já é a existência, mas muitos de vocês pedem e clamam por sofrer sem saberem. Só pelo fato de um de vocês desejar algo, já se cria um campo de sofrimento. Nada no mundo é real. Essa ilusão é a base do sofrimento. Toda vez que vocês experimentarem o sofrimento, abram o seu coração e o seu entendimento sobre por que isso ocorre. Assim, poderão caminhar para um entendimento mais profundo de sua existência e condição humana.

A prisão neste mundo se dá de diversas formas. Muitas pessoas estão se sentindo presas dentro de suas casas por conta das informações que chegam de fora, por conta da cultura do medo.

Respirem, pois em boa parte da vida vocês estarão presos nesse corpo, mais ou menos até o dia em que encerrarem a sua experiência e voltarem para o campo de onde vieram, onde vocês vibram.

Se vocês pensarem no seu corpo, ele é uma prisão. O seu espírito não é o seu corpo, ele está preso no corpo e nas identificações do sistema que ajudam a traduzir a vida para vocês.

O sistema que ajuda na tradução do que é a vida é composto de todas as estruturas sensoriais neurológicas. Todos os sistemas do seu corpo dão a vocês condições para estarem vivos e são como uma máquina. Essa estrutura neurológica é a máquina que os traz para estarem nesse corpo, por isso é importante cuidar dela e honrá-la nesse curto espaço de tempo que lhes é dado.

A vida de vocês é muito curta, muito mais do que imaginam. Ela é uma experiência extremamente poderosa para todos, porém é curta, visto que o sistema de cada indivíduo está aprisionado ao corpo, e o corpo de vocês é composto de múltiplas facetas, de estruturas vivas como se nesse corpo houvesse também muitos habitantes.

O planeta onde vocês vivem também é um corpo, e um espírito vive nele. No entanto, é possível imaginar que a proporção é infinitamente maior do que vocês ocupando o próprio corpo físico, mas o paralelo é o mesmo.

Então a Terra, além de ter um corpo e um espírito, também está recheada de outros organismos, como cada um de vocês, os seres da natureza, os animais, as aves, os insetos, as águas, tudo isso compõe a Terra.

Em igual dimensão, vocês também têm o próprio corpo. Ele é um sistema vivo com múltiplos organismos vivos, sustentando, alimentando, balanceando. E, quando ocorre uma disfunção no seu corpo, nessa estrutura viva, com a quantidade de seres que a habitam, o corpo reage e muitas vezes pode gerar algumas situações mais incômodas, e isso é o que acontece com o corpo da Terra. Ela também reage a qualquer coisa que se transforme em uma distorção ou disfunção, pois, se existe uma relação natural de causa e efeito no universo de vocês, assim acontece com a Terra, assim acontece com o corpo de vocês.

As doenças são disfunções, são curas; quando o seu corpo está desbalanceado, perde o equilíbrio e adoece como caminho para se curar, como forma de se reequilibrar, de se reerguer na estabilização funcional.

Ainda assim, vocês estão presos ao corpo, o seu espírito está preso ao corpo.

Durante todo o momento que vocês vivem, mesmo que em alguns instantes expandam, saiam do corpo, vocês estão presos a ele por um grande circuito integrado energético, como se fosse um cordão. Trata-se de uma energia que os conecta ao corpo para que vocês possam processar, viver, experimentar e fazerem a jornada que estão programados a fazer.

Muitos de vocês sentem essa prisão e aí começam os distúrbios psíquicos e emocionais: quanto maior a conexão com o espírito, maior a negação da realidade, da condição da realidade encarnada, do aprisionamento em um corpo. Por isso, o resgate da memória de quem vocês são surge à medida que existe a maturidade para vocês se conhecerem e sustentarem a verdade.

Muitas pessoas sucumbem quando se encontram com a verdade e passam a sofrer; as coisas passam a não ter sentido.

Na verdade, as coisas são uma grande ilusão, toda matéria é uma grande ilusão, mas negar a matéria é negar a experiência e a criação manifestada para que cada ser encarnado possa se experimentar e evoluir. Portanto, vocês precisam aprender a lidar com a matéria e nunca a negligenciar. Lidar com a matéria significa entender que ela é uma ilusão, porém necessária; não é algo que irão levar, mas sim levarão as experiências que ela proporciona.

A matéria é um meio, não é um fim, então tudo o que vocês podem construir nesta vida não é seu, lhes foi emprestado. Se assim vocês entenderem, poderão ter uma reconexão com tudo o que é, com o mundo espiritual, com o mundo do campo das energias vibracionais, o mundo originário de onde vocês são, com todos os desdobramentos de quem vocês são, porque são frutos de diversos desdobramentos e não irão se confundir negando a realidade, negando a matéria, negando o mundo como ele está estruturado neste momento do espaço-tempo.

Então, é importante honrar esta prisão, com alegria e muita devoção.

Não só vocês estão aprisionados como existem muitas outras prisões e, dentro delas, podemos encontrar muita alegria, muita sabedoria e muita luz.

VAMOS FALAR SOBRE OS CRISTAIS

Há nos cristais muitas consciências, muitos espíritos, que têm condições de lhes ensinar muitas coisas, mas estão aprisionados em uma condição diferente da de vocês.

Vocês podem pensar: mas como pode o espírito permanecer dentro de um cristal?

Da mesma forma como vocês estão no próprio corpo, com apenas uma pequena diferença, da condição frequencial do espírito do cristal. A frequência humana é mais fluida. Por mais que vocês vejam uma pedra ou mesmo um cristal rígido, firme, dentro dele é como se existisse um universo imenso e o espírito estivesse livre. É como se vocês tivessem um planeta de vocês mesmos para explorar, é por isso que o espírito se mantém dentro de um cristal, não importando o seu tamanho. A estrutura de alojamento do espírito no cristal é a mesma em tamanho, em forma, mas as naturezas são diferentes. Por isso, é muito comum vocês encontrarem cristais e se conectarem com os espíritos que lá estão; são consciências energéticas com um altíssimo grau de pureza.

Saibam que, dentro de cada volume energético de uma pedra de cristal, vocês encontrarão seres e espíritos. Ao se polir um cristal, pode acontecer de esse corpo sólido, o cristal lapidado, não possuir nenhum espírito, mas, se nele houver um espírito consciente, esse espírito permanecerá no cristal mesmo depois da lapidação.

Há consciências energéticas com várias funções. Funções regulatórias, estabilizadoras, de expansão, de memória, de informação... São várias funções, e esse é o grande e magnânimo poder dos cristais com os espíritos aprisionados. Eles ficam aprisionados até que o cristal perca sua função. Assim como vocês estão no corpo, o corpo falece para que possam voltar à condição espiritual de origem.

Quando vocês voltam, trazem mais uma identidade para a própria história: eu fui o Antônio, eu fui a Maria, eu fui o José, eu fui a Fernanda. Vocês não são nenhum deles, vocês estão, a sua prisão é temporária, vocês não são essas identidades, vocês estão nessas identidades, vocês não são absolutamente nada disso, e essa é uma base importante para que vocês saiam de sofrimentos de identificação que os deixaram em uma situação de angústia, de negação de quem vocês são.

É importante que, mesmo na condição de prisioneiros do corpo, vocês tragam alegria, assim como o espírito do cristal apresenta alegria. Ele voa dentro do cristal, está pronto para servir a qualquer hora, está imerso numa condição de completa harmonia com tudo o que é, não há o sofrimento, há simplesmente o que deve ser vivido.

Também ocorre assim com as forças da natureza, com as árvores que estão estáticas, mas elas estão em perfeito fluxo, fluxo do universo e fluxo divino, conectadas com tudo que são.

Essa estrutura que mantém todos os seres vivos é uma complexidade integrada que sustenta tudo em ordem como deve ser.

Da mesma forma, podemos também ver o que acontece dentro da Terra. Há muitas civilizações que habitam o interior deste planeta. Algumas se comunicam com alguns de vocês em situações excepcionais. São civilizações avançadas, que também estão dentro de uma condição de prisão, com outros propósitos, outros processos e estágios evolutivos.

No mundo espiritual também há prisão? Certamente que sim. As prisões são as faixas dimensionais de frequência. Vocês passam a acessar campos vibracionais, outros mundos e outras experiências à medida que evoluem para outros níveis vibracionais, nos quais vocês enfrentam outros jogos, outros desafios, outras interações, outras estruturas, outras formas, outras cores.

Quando vocês começam a se conectar com tudo que são e sustentam, sua existência aprisionada no planeta certamente passa a honrar a sua vida com tudo o que têm, e a determinar o seu destino pela coragem do coração alinhado com a mente.

Usar o coração e a mente a partir da força do espírito para fazer os movimentos e dar os passos de que vocês precisam, a fim de muitas vezes sair da condição em que estão, lhes permite não cair na ilusão da fraqueza.

É muito importante não cair na ilusão do mundo quando se diz: "eu não posso". Recordem que seu espírito pôde vir ao planeta, ganhou espaço e um corpo. Se vocês ganharam todas as condições de vida em um planeta, por que não poderão ganhar as coisas que intencionam a partir do seu coração alinhado com a sua mente?

Que a condição terrena encarnada não seja um empecilho para a manifestação de toda a força de seu espírito, que vem da luz do universo. Reconectem-se com a luz do universo, a luz branca e a luz escura, para que possam sentir a força que pulsa em cada ser vivo neste planeta no tempo que lhes for determinado.

Não permitam que as mensagens deturpem a esperança, a força e a fé – que são naturais do espírito. Não permitam se aprisionar além do corpo físico em que vocês estão; se aprisionar em suas relações, suas vontades, sua mente; se aprisionar no trabalho, na vida.

A condição de prisão já é suficiente para que vocês tragam para o seu interior toda a liberdade e a transformação, como fazem os espíritos dentro dos cristais.

Dentro da condição de prisão, vocês podem colocar alegria, podem se abrir para a experiência da aventura que é a vida, porque é uma aventura. Na condição de prisão, vocês serão capazes de dizer o que sentem e pensam – apesar das consequências –, e sustentar as consequências. A condição de prisão permite que vocês errem, depois corrijam e acertem; permite que perdoem e sejam perdoados.

Pedir perdão tira vocês da prisão, pois muitas pessoas estão neste mundo aprisionadas em culpas, mágoas e raivas, transcendendo a prisão dos corpos e entrando na prisão emocional, na prisão das narrativas, na prisão das histórias, pois tudo neste mundo é uma história, tudo no mundo circula e se movimenta. O aprisionamento ocorre se vocês transformarem a própria vida em algo contínuo e parado, no coração e na mente.

Há de se ter verdade e de se ter coragem para que haja libertação de tantas coisas às quais vocês se sentem aprisionados. E tudo isso depende de um simples gesto, a simples atitude de se conectarem com o espírito, porque ele não está preocupado com o que os outros pensam.

O espírito não tem preocupação em se rebaixar, em errar, ele quer a experiência na condição encarnada consciente em que vocês estão para poder cada vez mais lapidar a sua alma, pela coragem do ir e do voltar.

Muitas pessoas só querem ir, mas muitas vezes têm que voltar. Voltar atrás de uma decisão, voltar atrás com a palavra, com o gesto, medir melhor as atitudes, as reações ao que o outro faz e às imposições da vida. À medida que agem dessa forma, inevitavelmente, vocês trazem liberdade ao espírito dentro da prisão, e trazem a ressonância com o espírito do cristal que está em completa conexão com a luz do universo, com tudo que pulsa e emana para que mantenham aqui a experiência que escolheram ter.

Quando vocês começam a compreender, nesta condição de prisão, que têm a possibilidade de trazer alegria, pureza, luz, verdade, coragem, aventura para dentro de si, vocês vão ao encontro da sua essência espiritual, que é a liberdade.

A coisa mais importante é alcançar a liberdade com consciência, maturidade, verdade, luz e alinhamento com a criação. Quando vocês encontram esses momentos na vida, começam a replicá-los e passam a ter uma vida diferenciada, em que as estruturas e a lógica começam a mudar, e o universo principia a ler a sua realidade e ressoar com vocês, porque está lavando a alma e avançando em outros níveis matriciais energéticos, ou seja, está mudando a sua frequência vibracional.

Quando vocês lavam a alma, abrem a sua frequência para se conectarem com as altas frequências de apoio.

6
PODER E CONTROLE

✦ ✦ ✵ ✦ ✦

A história da sua raça está toda marcada pelos jogos de poder e controle. Uns querendo controlar os outros. A distância da fonte gera esse padrão de experiência a ser movimentado.

Certamente que esta busca por poder e controle, aos nossos olhos como seres interdimensionais, é natural, faz parte do jogo que foi criado e da experiência que vocês estão vivendo, mas o fato de ser parte do jogo e ser natural não significa que vocês devam fechar os olhos da própria consciência para tudo o que ocorre em volta, que, muitas vezes, pode ser um empecilho a ser superado para dar um próximo passo na jornada que cada um programou para si.

Os jogos de poder e de controle são muito acentuados nesta vibração em que vocês se encontram, que é a terceira faixa vibracional.

Isso não significa que tais jogos não ocorram em outras faixas. Ocorrem, sim, em outras formas, de outras naturezas, até um determinado ponto, quando encontram o nível frequencial reinante, e aí perpassam por todas as polaridades, todo jogo de experimento que existe neste universo.

Na terceira faixa vibracional, as pessoas estão, de certa maneira, condicionadas a controlar umas às outras para obterem poder. Isso ocorre em outras espécies e reinos. Muitas pessoas se preocupam bastante com dinheiro, que é uma forma de controle e poder. O dinheiro não é o controle e não é o poder, é apenas mais uma forma. Existem outras formas de controle e poder.

Enquanto vocês se submeterem ao controle e ao poder dos outros, sem consciência da sua presença e do seu propósito nesta experiência humana, simplesmente estarão entregando uma parte de tudo o que são ao plano inferior.

O planeta Terra, sob o olhar das espécies e reservando um olhar especial à espécie humana, passa por diversos experimentos de controle de poder aceitos e acordados dentro de uma perspectiva do plano superior.

Basta vocês olharem algumas regiões do mundo atual e irão encontrar verdadeiras prisões, pessoas oprimidas em países submetidos ao controle e ao poder de outros seres humanos.

As lógicas, as razões e a manipulação social de massa são acentuadas e pode-se pensar: é perverso? Sim, mas faz parte da experiência espiritual.

O sistema de controle e de poder, que se percebe em diversas escalas, ocorre em organizações, em determinadas áreas geográficas, em determinados bairros, nas famílias, nas relações afetivas, nas amizades.

Quanto mais inseguros vocês estão, mais necessitam de controle e poder, e, quanto mais poder e controle têm, mais poder e controle vocês querem, com medo de perdê-los, já que os adquiriram. Isso é um vício, alimentado pela fonte universal, e que se retroalimenta continuamente.

Todos precisam olhar para o poder e o controle a partir da própria realidade. Por exemplo, quando vocês conhecem alguém por quem nutrem estima e amor, desejando que essa pessoa seja sua. O anseio de possuir outro ser é o pensamento mais tirano que paira pelo mundo. Ao pensar dessa forma, mesmo um desejo por uma pessoa, vocês alimentam o fluxo da energia de controle que perpassa a humanidade. Saibam que o campo é um só; vibraram nele, sustentem-no.

Quando usam seu poder sobre os filhos, impondo-lhes uma realidade ou comportamento que os faz se sentirem mal ou mesmo gerando traumas, vocês fortalecem a energia de poder nefasto que alimenta os seres humanos em diversas regiões do mundo. Ou seja, sua atitude produz energia que reverbera no campo de outros seres humanos que a utilizam.

Não adianta vocês viverem na sua suposta bolha com seus erros e acertos. Tudo o que fazem produz energia que reverbera no mundo e é distribuída àqueles que estão em sintonia.

Isso significa que vocês vão ficar passivos, olhando para essas situações como se nada estivesse ocorrendo? Eis aqui o desafio da sua experiência neste planeta. Vocês têm as respostas. Todos sabem qual é a verdade e o que é o amor, o que significa harmonia, o que é centro e eixo espiritual, correlacionados dentro da rede de relações das espécies. Mas vocês devem olhar para a realidade porque, se vocês não olharem para essa realidade como ela é, não se transformarão como espécie e não irão sair desses jogos nocivos de poder e de controle do gênero humano.

Uma outra forma de lidar com o jogo de poder e controle do mundo é alterando a forma como vocês usam o poder e o controle.

Primeiro, sintam a própria presença, elevando o pensamento, trazendo grandeza e visão em suas decisões e posições. Comecem pelas atividades rotineiras do cotidiano. Não estamos dizendo para abdicarem do poder e do controle, mas usá-los com maestria.

O poder e o controle devem ser usados com condicionantes:
- Vem da aspiração pelo bem maior?
- Seu coração se expande?
- Produz liberdade, responsabilidade e ganhos futuros para todos?
- Faz movimentos certos mesmo doloridos?
- Eleva as almas?
- Combate naturezas nefastas?
- Regula relações trazendo alta vibração?

Vocês podem pensar que aquelas regiões onde alguns seres humanos controlam outros, com os mais belos discursos e o uso das forças econômica e bélica, não estão sendo observadas, mas estão. Ali há jogos ocorrendo, e essas situações não serão eternas. A luz penetrará e libertará as pessoas do controle perverso no momento certo.

Esse é um jogo e um grande desafio que vocês devem superar. Esse jogo é cíclico, e todos vocês o vivem acentuadamente por eras, eras e eras, nas quais muitos de vocês vão conseguindo entender e se descolar; outros, mais astutos – e de certa forma missionários, corajosos – foram atuando para quebrar esse jogo de poder nocivo e de controle. Mas saibam que o jogo é cíclico.

Vocês vivem, neste momento presente, diversos jogos aparentemente "novos" de poder e controle. Há um movimento intenso neste planeta, no campo espiritual e no campo físico material, que pode levá-los a experimentos muito duros para a humanidade. Na história recente do planeta Terra, vocês passaram por duas grandes guerras envolvendo várias áreas.

E vocês estão na iminência de uma terceira grande guerra. Não podem ter ideia do que os espera se não elevarem a frequência energética deste mundo.

Toda a estrutura do seu mundo é uma estrutura de causa e efeito e de correlações energéticas, baseadas na frequência vibracional.

O atual momento do mundo dá início à construção de um grande embate de forças de poder. Isso faz parte do jogo espiritual. Mas vocês têm um grande desafio pela frente, que é trazer a consciência e despertar a dos que lhes são próximos, para que possam elevar a frequência num nível acima, pois, nesse nível acima, vocês podem evitar a experiência dolorosa de um grande embate pelo controle e pelo poder.

A liberdade do espírito precisa ser conquistada para todos. Respeitar as liberdades é o bem mais precioso que vocês podem ter neste mundo, ou seja, dar a condição de escolha às pessoas.

Mesmo que as pessoas não saibam escolher e tomem decisões erradas, a lei de causa e efeito, da ação e reação do universo, é aplicada a fim de lhes trazer ensinamentos. Mas todos vocês precisam ter a liberdade de ir e vir, de pensar, de decidir, porque somente pessoas livres conseguem se reintegrar no todo que realmente são.

As respostas que vocês buscam para dar os próximos passos na vida estão na presença e na união. Entendam que é a sua união e a reintegração no todo que conta, até mesmo com aqueles que possuem uma frequência que não se alinha com a sua.

Elevem a sua frequência e promovam a união, e não a discórdia; não provoquem a separação, vocês são um só, vocês não são negros, pardos, brancos, amarelos, pintados, jovens, velhos, vocês são das estrelas, vocês são portas, estrelas, de uma única fonte, e estão na ilusão da separatividade aceitando os jogos de poder que os separam. Quanto mais vocês lutam pela individualidade, mais se separam, mais se distanciam. Quanto mais se dividem em classes, mais se desagregam. Vocês se desconectam da unidade, a unidade do "eu sou", a unidade do universo, a força central que tudo une, e a base para tudo isso envolve presença, consciência e o olhar que vem do coração.

No momento presente, vocês estão em pleno jogo e somente a alta frequência pode fazer a diferença de como vai ser o desenrolar deste jogo. Não se trata do fim do jogo, mas do desdobramento do jogo.

O que vocês pretendem construir para os próximos irmãos que irão descer neste planeta, que também têm as próprias missões e sabem o que esperar deste mesmo planeta e da humanidade?

Vocês estão construindo uma história já contada, mas cabe-lhes decidir como ela vai ser contada a partir do olhar de vocês.

Cada um de vocês precisa estar sempre centrado em si, entendam essa mensagem como um exercício da consciência. Quando vocês tomam ciência de tudo o que são, como ser e como espírito que transcende este corpo, vocês se conectam na luz do amor e na frequência da coragem. Tenham coragem de olhar, de enfrentar pelas ordens da luz do amor, mesmo que se sintam pequenos e impotentes diante das grandes forças poderosas que estão se movendo a fim de controlar o mundo. Nunca subestimem quem vocês são e onde estão. Sua energia contagia e se espalha pelo mundo. Se vocês entenderem o poder que têm, poderão atuar muito além da esfera física onde se encontram. E esse é o grande portal que nós deixamos para todos vocês.

Um ser humano aparentemente visto como miserável, numa função primária em que ninguém saiba quem é, que passe despercebido por todos em razão de sua simplicidade sutil e ausência de poder, de bens materiais, de dinheiro e de qualquer outra coisa, se estiver conectado com a sua essência e alinhado com o uno, simplesmente terá mais poder de influência do que o ser humano mais poderoso deste mundo com toda a sua riqueza e poder.

7

AS FORÇAS ANTILUZ

✦ ✦ ✸ ✦ ✦

Humanos, o mundo de vocês foi dominado pelo medo há muitos e muitos anos. Esse é um sistema implantado que controla tudo e todos, e neste momento do mundo, nesta janela de tempo da humanidade, o sistema está presente e mais forte do que nunca. Ele não irá embora.

Nos próximos tempos – repetindo a história –, vocês serão submetidos de forma ainda mais intensa ao sistema do medo através de muita manipulação de interesses políticos, econômicos e sociais. Trata-se de um grupo querendo controlar outro, e tudo, no fundo, é energia. É importante que saibam que há uma guerra energética nas dimensões paralelas e superiores a vocês.

Por que isso está e será acentuado? No ciclo em que vocês estão entrando, a luz fotônica, a que são submetidos pelo sistema solar, penetra em tudo, abrindo espaços para a transcendência. Isso é parte de um ciclo cósmico evolutivo. Quando a luz entra, abre espaço para que as sombras de cada um venham à tona. Os seres que sustentam as forças antiluz se desesperam por perder o controle do fluxo de experiências deste plano e seus paralelos. Assim, podemos dizer que há uma guerra ocorrendo em outros mundos e reverberando no mundo de vocês. As guerras que vocês têm na terceira dimensão são precedidas pelas guerras espirituais. Elas estão em um nível acima.

O resultado dos embates espirituais determina o que se seguirá no seu planeta e na humanidade.

Tudo isso representa oportunidades para se purificarem em todas as frequências. A forma como vocês irão lidar com os confrontos e provocações do mundo determinará a evolução de cada um.

Mas, em toda esta história, o medo estará presente. Vocês terão medo de doenças, guerras, perdas etc.

Os seres antiluz querem a energia de vocês. Os representantes desses seres na humanidade querem tudo, o dinheiro, o esforço, a liberdade, a subserviência, enfim, tudo que vocês têm.

A forma como eles trabalham é bem clara: usam de motivos nobres e sequestram a consciência de vocês para aprisionar sua alma.

Vejam o comportamento dos seus líderes que não estão alinhados à luz. Eles são sedutores, buscam cercear vozes, liberdades, manipulam jogando os seres humanos uns contra os outros, dividem a sociedade entre ricos e pobres, brancos e negros, jovens e idosos, dizem que defendem classes e interesses, mas isso não é verdade, pois não há diferença no mundo cósmico e também não deveria haver no mundo terreno.

Os negros foram marginalizados, cerceados, ao longo de toda a história. Isso era parte de uma provação maior e desígnio de experimento evolutivo. O papel de vocês é descobrir e consertar isso, até porque muitos de vocês encarnaram como negros por diversas vezes.

A antiluz revoltará todos os negros atuais, jogará a carga de culpa nos brancos, irá atingir os brancos, agredi-los, e ainda criará uma forma de "proteger" os negros, tornando-os ainda mais segmentados. Em muitos outros lugares do mundo, isso continuará acontecendo, os antiluz vão discriminar seres humanos pelo tom da pele, pela história e pelos costumes diferentes, e ainda jogarão uns contra os outros.

É preciso enxergar que isso não é uma ação da luz. Seres da luz perdoam, ressignificam, curam todos, são inclusivos, usam do amor para vencer o preconceito e trazem negros, brancos e outros tons de pele para uma só condição de humanidade e fraternidade.

Assim é a guerra espiritual e como ela desce até vocês. A própria vibração humana irá captar o que cada um tem. Quanto mais puro, mais um ser humano poderá enxergar a manipulação e ver quem é luz e quem não é.

A antiluz é corrupta e corruptora, usa de poder e artifícios para obter controle. Tudo é pelo controle e pelo poder. Para quê? Para se alimentar dos seres de luz! Tudo em seu mundo envolve evolução e, para isso, o alimento é importante. Que alimento é esse? Energia e luz.

Todos vocês são produtores de alimentos energéticos quando criam os sulcos emocionais. Os jogos da humanidade trazem as condições para a produção dos sulcos e, com eles, seres se conectam quando os absorvem. Essa conexão traz o vício, primeiro de quem está bebendo a energia e, depois, de quem está doando.

Portanto, quanto mais vocês se elevam, menos se submetem aos movimentos de absorção de sulcos emocionais, e assim vão fortalecendo seu espírito.

Se vocês vibram na antiluz e permitem se viciar em doar sulcos energéticos, não se sintam mal. Essa é a sua experiência. Ao tomar consciência disso, vocês passam a ter o poder de mudar tudo e evoluir para uma purificação.

Ao se deixarem atingir por seres humanos ligados à antiluz, não tenham raiva deles, apenas se desconectem.

Quando vocês despertam, conseguem enxergar líderes, políticos, colegas, amigos e familiares conectados com a antiluz. Não os julguem, não se sintam superiores, não os ataquem, apenas sigam o seu caminho e se fortaleçam.

Lembrem-se de que não há uma perda no seu mundo, o que existe é o que tem que acontecer. Por exemplo, as pessoas se vão quando têm que ir. Sabendo disso, não significa que o correto seria todos serem passivos, omissos, indiferentes à realidade alheia e às despedidas que são inevitáveis.

Uma coisa é vocês lidarem com essa situação pela consciência; outra é lidarem com ela pelo medo. O medo é a grande prisão que amordaça os seres humanos.

Percebam como as liberdades vão sendo restringidas em determinadas áreas do mundo e como, em outras áreas do mundo, as pessoas podem ir e vir, e podem ser quem elas são, na sua plena manifestação.

Se vocês não têm a consciência da liberdade, não vão ter a expansão necessária para fazer as conexões em outros níveis frequenciais com aqueles seres que sustentam este planeta.

A base da conexão envolve eliminar o sistema do medo, abrir-se à liberdade do espírito, ao coração, à própria mente e observar tudo.

Para isso, é necessário que cada um se volte para o céu, olhe para cima. E, para olhar para cima, o indivíduo precisa olhar para dentro; ao olhar para cima e para dentro, vai encontrar um outro lugar para olhar, e esse olhar não é físico, é o olhar do sentir. Irá perceber aquilo que não é visível e assim cada um abrirá o seu espectro de liberdade, a liberdade do espírito, e isso é o que toca e conecta todos aqueles que aqui estão suportando o mundo e uns aos outros.

Vocês estão dentro de um grande jogo, dito e repetido muitas vezes, com o consentimento do fluxo da criação, lembrando que nada acontece sem o consentimento do fluxo da criação.

Nos momentos de grande luta pelo controle, pelo poder, que faz parte do jogo da polaridade do seu mundo e continuará fazendo parte, é muito importante atentar e observar alguns elementos desse jogo.

Um deles é o mal. O que vocês entendem como mal é passado por bem, e o bem é visto como mal; as intenções verdadeiras, positivas e puras são vistas como perversas, as intenções que são perversas são vistas como intenções puras e humanitárias, quando não se tem consciência.

No campo das intensidades, as polaridades se invertem na percepção dos seres humanos. Como isso se dá? Por intervenção e influências dos espíritos.

Vocês são extremamente frágeis e suscetíveis a todo campo de força energética. Por isso, existem seres protegendo vocês. No entanto, dependendo da vibração de cada um, o campo atrairá outras forças de naturezas opostas. Assim, os seres que os protegem recuam, entendendo que vocês precisam dessa experiência, mas vocês não são abandonados. Eles estão todo o tempo em sua vigília.

Por que vocês podem estar vendo o reverso? O bem como mal e o mal como bem?

Comecem observando o campo de informações que vocês enxergam. Parte dos veículos de comunicação – disponibilizados neste mundo – estão contaminados e contaminam todos. Esses veículos passam por intensa luta de poder e controle em que são peças-chave de influência social.

Os seres espirituais que vibram na antiluz sabem como controlar a humanidade, e uma das formas é dominando a mente das pessoas que detêm os sistemas de comunicação. Eles também dominam grandes corporações e grupos dominantes da elite financeira global. O campo de energia favorece a subida hierárquica de seres alinhados com a energia antiluz.

Dominam as mentes coletivas de partidos políticos, somente permitindo chegar ao poder seres já comprometidos com uma agenda de força que leve à dependência social dos governos.

Quanto mais uma população depender e for subserviente a um governo, mais claro e evidente fica que as forças antiluz estão no controle dos mesmos líderes.

Quanto mais a hierarquia for subversiva, maior é a chance de cair na vibração da energia nefasta de poder regida pelos seres que querem controle espiritual para trazer sulcos.

Uma outra leitura possível de ser feita como sinal desses jogos de poder é como vocês estão sendo jogados uns contra os outros e não percebem. Tudo acontece no entorno de vocês. Observem como estão sendo jogados de um lado para o outro... Esse é um jogo de controle de poder, fragmentando as relações, causando desunião entre si, porque isso interessa a uma parte da humanidade que deseja obter o controle sobre todos vocês pela frequência do medo.

A tecnologia é como uma fumaça, ela pode limpar o ambiente pelo aroma ou pode asfixiar qualquer um, dependendo de como é usada. A tecnologia tem sido utilizada fortemente neste mundo para trazer luz a muitos de vocês, assim como também tem sido usada por boa parte de um certo grupo em vários locais deste mundo para controlar a grande massa humana.

 Esse é o mundo que vocês têm pela frente, com um grande desafio de trazer a consciência e, se não conseguirem elevá-la, sobre a estrutura de poder de vocês e de cada região do mundo, vão acabar colocando no topo do comando pessoas com baixas vibrações, mas com os discursos mais bonitos.

 Recordem que vocês vivem em ciclos e essa história não é de agora. É a mesma história. Vocês vão embora desse mundo, nascem novamente e vivem a mesma história em diferentes formatos.

 Há um trabalho intenso de diversos seres que vibram numa frequência sombria – no entendimento de vocês –, buscando fazer jus ao jogo da polaridade. Esses seres recebem o poder muito acentuado e atuam com força, causando um grande desequilíbrio, para se alimentarem dessa instabilidade humana. Eles se nutrem das grandes cabeças de poder neste mundo, e assim, mais uma vez dizemos a vocês: abram os olhos e enxerguem com o coração, pois a luz é vista como sombra e, muitas vezes, a sombra é vista como luz.

 Observem os instrumentos de controle das informações. Os sistemas de informação do mundo vibram na luz e na sombra; somente com envolvimento e consciência, vocês irão perceber o que é luz e o que é sombra.

 Vocês vão sendo, desse modo, influenciados de todas as formas, e nós podemos dizer que existe uma parte da humanidade que é consciente, é lúcida e está fazendo um trabalho magnífico para equilibrar a transição da humanidade, pois tal transição é necessária. Nem sempre, como dissemos antes, essa transição foi fácil, mas faz parte do jogo do mundo, e ela pode ser reequilibrada.

Os seres encarnados, que trabalham arduamente nas estruturas de poder do mundo para equilibrar as forças, para trazer diálogo e para tirar as pessoas das prisões, são seres honrados. Há muitas pessoas atuando em silêncio, nos bastidores, para quebrar esse sistema do medo e do controle. Elas são como uma extensão do bem e estão conectadas com as forças da luz. Essas pessoas estão livres, apesar de prisioneiras no corpo.

Vocês todos estão aprisionados em um corpo durante uma jornada, que terá fim na sua estrutura atual de corpo, mas que não precisa trazer a prisão ao nível mental, físico e territorial, nem psíquico nem emocional.

Muitos de vocês estão dentro de uma prisão psíquica e emocional, presos a outra pessoa, presos a formas de pensar, presos a ideais que muitas vezes não condizem com o melhor para a humanidade; presos a grupos, presos à conveniência, presos à aceitação, presos a sonhos, presos às coisas, presos ao devaneio do amor, presos à ignorância; presos à ilusão, à solidão e ao isolamento.

As forças antiluz querem que esses seres permaneçam nessa prisão e se acostumem a ela. Porém, chegou a hora de transcender todas essas forças. A antiluz é uma poderosa chave de evolução para vocês. Ela é uma alavanca. Ela lhes permite atingir o resgate e a evolução de que necessitam.

Se vocês, ao olharem para a antiluz, ativarem a própria grandeza, trarão um clarão a suas vidas. Pode parecer que estão em um ciclo que aparentemente mostra-se longo, de causa e efeito, como que dentro de uma roda cármica. Mas creiam: esse ciclo se encerra com um novo nascer.

O momento e a energia que chegam até vocês são propícios para que possam dançar neste universo aprisionado que é o seu corpo. As condições são muito mais favoráveis do que em outros tempos, nos quais vocês precisavam se esforçar muito para vibrar neste campo energético, diferentemente de agora, quando a vibração energética está chegando a todo plano.

Saibam que toda vibração energética sutil está mexendo com todos os campos deste planeta e do universo, e vai continuar mexendo com tudo e com todos, sob todas as óticas. Por isso, vocês estão vivenciando muitas mudanças, muita confusão, muita loucura, muitos conflitos. Tudo isso são as forças integradas energéticas chegando ao plano de vocês, e tudo o que devem fazer é ter ciência disso para que possam transmutar as energias que vocês vibram em campos mais sutis, frequenciais, e assim viverem a liberdade da experiência do espírito.

8
A ESCADA ESPIRITUAL

✦ ✦ ✴ ✦ ✦

Vocês estão dentro do jogo e este é o momento em que muitas vezes se sentem sozinhos, aprisionados na mente, no medo e nas informações que chegam até vocês.

Mas vocês podem transcender isso tudo usando a escada espiritual. Essa escada está no mundo, presente e em movimento contínuo e constante, próximo e longe.

Saibam que vocês são observados, ajudados, apoiados, ancorados e nem percebem. São muitos seres de outras dimensões, de outros universos, de outras galáxias e de outro espaço-tempo que se manifestam no mundo de vocês.

Eles também podem se conectar com seres de grupos dos quais vocês fazem parte. São famílias espirituais e seres que simplesmente se conectam com vocês a partir do momento em que vocês abrem a consciência, a mente e o coração para eles.

Escada espiritual significa um nível acima, uma vibração mais sutil que chega até vocês; um degrau que estende a "mão". Algo em que podem se apoiar para se elevar.

Muitos desses seres, ou uma parte deles, estão no que vocês chamam de "naves".

Muitas naves vagueiam e passam por todo o planeta. Muitas se revestem como nuvens e vocês podem enxergá-las; outras são interdimensionais e entram no espaço-tempo; outras ainda se manifestam fisicamente na terceira dimensão. Todas elas são dotadas de tecnologias muito avançadas, de outro tempo, que, no entendimento de vocês, pode ser o próprio futuro.

Essas naves se escondem nos céus de muitas formas. Umas são pequenas, outras gigantes, algumas não aparecem, outras se colocam como invisíveis e vocês não percebem a invisibilidade no ar. Muitas estão constantemente voando pelos céus, com certeza com uma missão, e não a passeio.

O céu de vocês está lotado de naves se movimentando muito rápido. Trago aqui esta informação porque adoraria que vocês pudessem captá-las.

Tal captura ocorrerá quando usarem máquinas tão velozes quanto as naves. Vocês já possuem tecnologia para isso e, portanto, podem capturar o movimento dessas naves no céu.

Elas não são fáceis de ser vistas durante o dia. À noite, é provável que vocês consigam ver algumas, principalmente aquelas que se colocam na terceira dimensão, pois muitas têm luz própria. Não é a luz que conhecem, é uma outra forma de iluminação, um outro campo de energia, uma outra forma de produzir luz. Daqui a alguns anos, vocês irão descobrir também, mas há muitas coisas por acontecer na humanidade até que cheguem a essa evolução.

Algumas dessas naves são criadas por outros fatores, não pelos sistemas das aeronaves que vocês possuem na Terra. Há outros mecanismos mais inteligentes, mais leves e mais dinâmicos, e as formas de algumas dessas naves também mudam.

Muitas dessas naves são puro campo de luz sustentando seres que estão nelas. Algumas são quase como uma cidade que circula no céu de vocês – sustentando muitas coisas. As naves pequenas, por vezes, posicionam-se em determinados pontos no céu e, à noite, os seres que as habitam recolhem o espírito de alguma pessoa em seu quarto. Ali, algumas transmissões lhe são feitas, orientações são dadas, o seu espírito é acalmado e o seu padrão energético, elevado. Muitas vezes, os seres dessas naves fazem ajustes eletroquímico-magnéticos no seu perispírito e em campos do seu corpo. Outras vezes, fazem isso descendo das naves até o quarto dela enquanto a pessoa dorme e ali mesmo, no quarto, mexem na sua cabeça, no seu corpo, com equipamentos de todas as formas. Não se assustem com isso. Apenas sintam e peçam sempre proteção na jornada.

O que nós queremos dizer é que vocês não estão sozinhos! Não vieram para este mundo sozinhos e não vão embora sozinhos.

Por mais maravilhosa ou difícil que seja a jornada que cada um programou para si nesta existência, receberá ajuda, apoio e ajustes na sua vida por muitos desses seres interdimensionais e multidimensionais, sustentando sua presença neste mundo e neste planeta. Eles são os degraus da escada.

Vocês não devem se assustar com isso. Não permitam que o sistema do medo os coloque em pânico diante de tudo aquilo que desconhecem e impeça que se conectem com os seres das naves que trabalham no planeta.

Vocês podem se perguntar: há muitos tipos diferentes de seres? Sim, podem ter certeza disso. Muitos seres distintos. Abram-se para isso, permitam-se receber e sentir o seu corpo. Confiem e se abram às forças do universo, aos seres de luz, aos seus protetores que são seus guias.

Entreguem-se àqueles em que confiam e acreditam. Tais seres interdimensionais muito provavelmente se integrarão com vocês numa vibração muito mais contínua, trazendo força, coragem e paz. Entendam os papéis que esses seres desempenham em determinadas naves que estão alocadas no universo.

Algumas dessas naves fazem pontes interdimensionais, perpassam o universo, vêm de dentro do planeta e de fora.

Outras se encontram nos oceanos, que estão lotados de naves e de outras formas de vida. Os oceanos são portais para outros mundos, e muitas naves são veículos movimentadores de seres entre mundos.

Cada ser deve se abrir à escada espiritual e não permitir que o sistema do medo tome a sua mente, amordace a sua boca.

Vocês estão num momento novo do mundo, no qual há muita luz e muita sombra, e o medo está na sombra.

A sombra está na restrição da manifestação de tudo o que cada um é. E, nesta jornada em que vocês se encontram, tudo o que não representa a liberdade, representa o aprisionamento.

A consciência está exatamente na liberdade: a liberdade do coração, a liberdade da mente, a liberdade do ir e vir do espírito do ser e do seu o corpo físico. A liberdade do sentir abre espaço para uma nova vibração e pode trazer a cada ser a escada.

A escada espiritual é um grande conector que faz um elo com consciências dimensionais a fim de lhes trazer bem-estar, coragem e energia para expandirem sua luz pelo mundo por meio da vocação de sua alma.

Vocês não estão sozinhos.

9
Peças trocadas no tabuleiro espiritual

✦ ✦ ✴ ✦ ✦

Em todo esse jogo, há permissão para que vocês possam descer, experimentar, interagir e contribuir com toda a evolução que, no fundo, já está programada. Da mesma forma que acontece em um jogo competitivo do seu mundo, quando vocês trocam os jogadores para que o objetivo seja alcançado, fato similar ocorre no mundo espiritual. A influência de grupos espirituais no planeta, neste momento, é intensa e se dá também de outra forma: pela troca no corpo. As peças estão sendo trocadas.

Muitos humanos estão sendo trocados. Isso pode parecer algo surpreendente e inadmissível, mas, prestem atenção, isso não acontece só neste momento, sempre ocorreu. E agora, no novo mundo, simplesmente ocorre em um fluxo mais acentuado.

Como isso funciona? Tomem como exemplo um líder de determinado país. Esse líder é um ser espiritual que nasceu naquele corpo, construiu uma história e sua personalidade. Num acordo espiritual, em determinada época, esse ser se retira e entra outro ser no seu corpo. Ou seja, o corpo é o mesmo, mas o ser espiritual, não. O corpo passa a pertencer a outro espírito.

Esse espírito "entrante" absorve toda a história, sentimentos, conhecimentos, habilidades e até alguns jeitos do ser anterior, mas não é ele.

Neste momento, no mundo, há milhares de entrantes na luz e na antiluz. Observem que algumas lideranças mudaram seu rosto e suas expressões de alguma forma, sendo mais ou menos evidente. Essa é outra luta do jogo do mundo: a troca de pessoas.

Qual é o propósito dos entrantes? Eles têm diversas missões. Normalmente, essas pessoas fazem mudanças radicais em sua vida profissional, pessoal, afetiva, familiar. Mesmo porque o espírito é outro.

Elas conservam toda a memória e até alguns hábitos, mas não estamos falando do mesmo ser.

Muitos vêm para liderar grupos e gerar transformações que irão afetar a energia do planeta. Outros têm uma curta missão, destroem ou constroem algo e vão embora.

Outros ainda têm a missão de traduzir o mundo espiritual. Escrevem livros, conectam campos, conhecimentos já perdidos, lideram grupos de transformação, viram curadores e mestres, entre outras ações. E os demais são simplesmente atravessadores de portais que facilitam a confluência espiritual.

Muitos se perdem, se desorientam e vivem uma vida sofrida, sem entender o que estão fazendo aqui.

Todos os entrantes que chegam recebem poderes acima da média, pois não possuem os traumas de nascimento e, por isso, vibram em outras frequências.

Os entrantes que se envolvem em confusões, alucinações, não conseguem ancorar seus poderes e acabam perdidos na existência.

Não se assustem com os entrantes, pois são seres espirituais que trocaram de corpo. Muitos deles estão por aí e não acordaram que são o que são. Ainda vivem querendo entender alguma desconexão estranha da própria vida. Outros despertaram e sabem que são entrantes. Saibam que, em sua grande maioria, quando despertos, muitos entrantes conscientes não saem alardeando sobre sua condição; pelo contrário, não gostam desse assunto. Assim, eles seguem na tarefa de fazer sua missão andar, pois isso é a única coisa que lhes interessa.

Para que haja uma troca de espírito em um corpo, é necessário que se obtenha um estado de choque a fim de que assim a transição aconteça. Nem sempre esses "choques" corpóreos são agradáveis.

Muitas trocas são feitas em momentos de acidentes ou doenças terminais, com o ser ficando inconsciente. No estado de inconsciência, a troca é feita e o corpo recebe um novo ser. A estrutura sanguínea não permite a completa desconexão com a história vivida.

Os seres que passam por essa entrada voltam à consciência um pouco confusos, perturbados e sentindo-se estranhos. Ficam por um bom tempo sem entender o que ocorreu, mas seguem a vida. Com o passar do tempo, grande parte deles vai definindo o futuro com novas escolhas e alinhando-se à missão.

Os seres que vão embora do corpo vivem um desencarne. Sem dor nem traumas. E isso tudo foi combinado. No mundo espiritual, eles são recebidos com todos os cuidados para que se recordem de tudo de que precisam.

E, como dito, há também entrantes da força da antiluz.

Há espaço para todos no jogo; por isso, eles também enviam seres que vão vibrar na agenda de controle, nas guerras e nas produções de sulcos.

Esses entrantes perpassam o mesmo processo e precisam cumprir suas missões. Ao longo de suas jornadas, recebem apoio, energia e instruções para fazer o que precisa ser feito. Isso é o jogo!

Tudo é ação e reação. Todos os seres que decidem passar por essas formas de entrada no mundo têm um descolamento natural das questões psicológicas de nascimento e, ao mesmo tempo, se submetem à lei do carma. Ou seja: podem o que quiserem e serão submetidos às suas consequências. Carma é a regra que traz o equilíbrio de experiências para a evolução de todos.

Entrantes podem influenciar o planeta mesmo estando em extremidades distintas? Certamente, afinal isso faz parte do jogo.

Portanto, neste momento, o planeta Terra se transforma e adentra um novo ciclo.

O volume de entrantes tem se intensificado para que haja na Terra seres descolados de rastros do passado. Saibam que muitos desses entrantes são mestres de outras épocas que decidiram vir sem as amarras psicológicas. Muitos desses "mestres" são, na verdade, desdobramentos de seres que regem algum aspecto deste mundo. Esses seres têm muitas facetas e formas de atuar no jogo dentro das regras cósmicas. Todos querem a evolução.

Em outras épocas da humanidade, esse sistema de usar entrantes foi utilizado largamente. Certamente que essa não é a forma mais natural para nossa evolução, mas são considerados meios de ter agentes de influência e aceleração da humanidade por conta das condições cósmicas.

E qual é a condição cósmica atual de vocês? Vocês têm um volume de luz acentuado entrando no planeta. A regulação da relação evolutiva dos seres humanos com a luz precisa ser bem manejada. Por isso, são necessários alguns seres trazendo fluxos de ascensão em diversos níveis.

Vocês podem pensar que esses entrantes estão nos mais altos cargos de poder no mundo, mas não. Alguns líderes podem, sim, ser trocados, mas o grande volume de entrantes aparece em posições simples do cotidiano, sem grandes holofotes. Muitos deles estão, por vezes, curando uma linhagem familiar, resgatando um conhecimento, fazendo uma ação de melhoria sem grandes repercussões. Todos estão no seu exato fluxo. Muitos vieram para trazer paz e equilíbrio, para evitar uma grande guerra. Mas, se houver uma grande guerra, esses seres estarão em prontidão para agir.

Todo o período de transformação vem com uma conturbação e sempre com um desafio planetário da raça. O desafio de vocês é passar por esse grande dilema de polarização sem precisar de uma grande guerra. No entanto, nós, seres interdimensionais, concebemos, entendemos e compreendemos que, se necessário for, assim será, pela vossa vontade.

Mas eis que, neste momento, somente a consciência desperta poderá transformar tudo, e muitos dos entrantes trazem a luz do despertar. No momento, vocês têm dois caminhos, a consciência e o medo, para ascender ou se afastar do próprio espírito.

A consciência elimina o medo, mas o medo tira a esperança, coloca vocês em estado de defesa, querendo controlar e tendo o poder sobre a sua vida, e pode ainda transformá-los naquilo que não desejam que os outros façam com vocês, que é buscar o poder e o controle.

Em todo esse tempo difícil na terceira dimensão, a polaridade existe, muita luz e muita sombra, e resta saber onde vocês querem que a sua frequência vibre e ressoe: na consciência, no amor ou no medo?

Ter consciência não é fechar os olhos para a realidade e tudo o que acontece hoje no mundo, mas sim olhar para isso sem medo, entendendo, compreendendo e elevando a sua vibração energética, trazendo luz ao seu redor, trazendo luz à sua esfera de influência, tendo clareza e fazendo as leituras subliminares dos jogos de poder e dos jogos de controle que acontecem em cada área deste planeta de forma muito acentuada, e lembrando que tudo se inicia no campo dimensional.

10
Muitos mundos

✦ ✦ ✷ ✦ ✦

Há vida dentro da Terra, dentro do planeta?

Sim, muitas e de diversas formas.

Há vida no interior do planeta Terra mais evoluída do que a humanidade?

Sim, na sua grande maioria. Já a raça que vive na crosta da Terra é uma raça menos evoluída dentro de uma perspectiva coletiva.

Há seres vivendo entre vocês que são de outras espécies espirituais e cósmicas?

Sim.

Há seres do interior da Terra que vivem e, às vezes, habitam e interagem com o mundo da crosta da Terra?

Sim.

Há seres que vivem em outras dimensões frequenciais sobrepostas à atual dimensão tridimensional?

Sim.

Há cidades paralelas a este mundo em outras dimensões e essas dimensões provocam a abertura de portais para essas cidades?

Sim.

Há cidades que existem acima do campo físico da Terra?

Sim, algumas dessas cidades são etéricas, existem também cidades-naves embaixo e em cima da Terra.

Há seres em outras galáxias que podem de alguma maneira se conectar com o planeta Terra?

Sim, mas aqui há alguns elementos a se considerar: para que vocês possam ser conectados com outros seres de outras galáxias e de outras esferas dimensionais, em níveis muito avançados, esses seres, de alguma forma, têm que passar pelos guardiões dos portais.

A galáxia e o sistema solar de vocês têm inúmeros portais localizados em várias áreas do universo. Esses guardiões de portais dimensionais permitem que as frequências realizem as traduções necessárias para que vocês possam receber determinado contato. Portanto, não é simplesmente querer se conectar no nível mais avançado numa outra esfera galáctica. Vocês têm que passar pelos portais e, para isso, é preciso estar dentro de uma certa consciência espiritual e vibracional.

Vocês estão num corpo, mas não são o corpo. O corpo está para vocês, que são capazes de entender o que é ele. Compreender que o mal uso do corpo pode trazer a limitação espiritual, impedir que atinjam a expansão e façam viagens para outros mundos é fundamental para poderem se conectar com o espírito e entenderem que são espíritos.

Quando recebem o entendimento de que são espíritos, vocês podem sair do corpo, mesmo com o corpo existindo e funcionando normalmente, até porque ele precisa continuar a funcionar, e vocês podem fazer as viagens espirituais para muitos campos, entrando em vários túneis no universo e no planeta.

Vocês podem viajar para o interior da Terra, sem dúvida, desde que haja permissão. Mas também podem perguntar: é possível viajar para o interior da Terra por meio do próprio espírito mantendo, por exemplo, o corpo na cama?

Sim, mas ainda assim precisam ter permissão porque o interior da Terra faz a leitura de cada espírito. E, assim, os guardiões podem não autorizar a passagem de determinado ser por determinados campos ou portais.

Uma pessoa pode ir para o interior da Terra fisicamente?

Sim, mas é muito pouco provável que ela consiga. Na verdade, os seres humanos que conseguem chegar lá foram escolhidos. O nível de critério é altíssimo e, para que vocês atinjam o interior da Terra, podem ter certeza de que precisa existir uma razão muito específica e muito nobre para que vivam tal experiência, pois, se fosse para viverem no interior da Terra, vocês não teriam vindo para a crosta do planeta, de forma geral, salvo exceções.

Existiram pessoas tridimensionais que viveram na crosta terrestre, foram para o interior da Terra e conseguiram conhecer as cidades e as comunidades que lá existem?

Sim, mas em situações muito específicas, e poucas alcançarem esse feito.

Para que isso ocorra, tem que haver uma razão muito específica, pois não se trata de uma brincadeira na qual vocês colocam uma aventura e uma meta do tipo "eu quero ir para o interior da Terra a fim de desvendar e conhecer um outro mundo". Isso não é uma brincadeira, mas, por vezes, é o que acontece. Muitos de vocês, pelo instinto da curiosidade, caem em alguns jogos, os jogos da aventura espiritual, do mundo subterrâneo, vamos dizer assim, do interior da Terra. Muitos acabam morrendo ao querer penetrar o interior do planeta.

Na verdade, o mundo interno é composto de vários mundos, com vários seres, em várias vibrações e com diversos níveis de nuances na sua manifestação.

Tais mundos, com diversas civilizações, criaram uma série de barreiras e dificuldades para que vocês não desçam até lá. A começar pelas cidades que, de uma forma geral, existem a cem quilômetros abaixo da Terra, não menos que isso.

Para vocês chegarem a essas cidades, seus corpos precisam ser destruídos antes. A estrutura de corpo que vocês possuem hoje não sustenta as barreiras naturais impostas. Vocês têm que ter uma outra qualidade vibracional para poder sustentar a travessia desse campo.

Os seres intraterrenos não querem vocês lá, e criaram formas e mecanismos inteligentes para que nem os instrumentos tecnológicos de vocês cheguem a se aproximar. Vocês não têm nenhum instrumento no planeta que consiga atravessar as barreiras impostas de forma muito inteligente.

Os seres de baixo não querem relacionamento com os seres da crosta, com ninguém da crosta. No entanto, eles são conectados com vocês e, por vezes, muitos desses seres conseguem atuar aqui na crosta da Terra.

Eles conseguem entrar na crosta do ponto de vista físico e do ponto de vista etérico. Muitos deles possuem corpos com estruturas diferentes do que vocês estão acostumados. Esses corpos, com características distintas, têm uma estrutura biológica própria, cores diferentes e aspectos não convencionais.

Esses seres têm altíssimo nível de consciência e de inteligência, e muitos dominam tecnologias avançadas, bem mais do que a de vocês.

Muitas vezes, eles aparecem na crosta e interagem com alguns humanos, e é importante vocês entenderem que este movimento está em crescimento por conta da atual realidade energética do jogo. Eles fazem parte do jogo também.

Alguns desses seres interagem do ponto de vista etérico, pois conseguem vir para a crosta e atuar com vocês sem precisar de um corpo físico.

Vejam bem, enquanto alguns têm um corpo físico e interagem com vocês, outros conseguem interagir sem a necessidade de estar em um corpo físico.

Eles também possuem tecnologia e são avançados do ponto de vista espiritual, da condição de manipulação da energia.

Esses seres vêm atuando junto a vocês na evolução dos seres encarnados na crosta do planeta. Talvez sejam os mais interessados na evolução da humanidade, da raça humana, nas condições do ambiente e do planeta.

O que vocês fazem na crosta do planeta interfere muito pouco na estrutura planetária. Se destruírem a crosta do planeta Terra, isso não afetará em quase nada o seu interior e todos os seres que vivem nele.

Eles conseguem atuar regenerando completamente a crosta do planeta, pois é uma camada muito pequena da Terra. A crosta é uma casquinha de ovo, vamos dizer assim, e é muito importante que vocês cuidem do meio ambiente para cuidarem de vocês mesmos.

Mesmo se vocês tivessem a missão de se autodestruírem, vocês não iriam conseguir destruir o planeta, pois não têm esse poder.

Se agissem apenas nessa direção de destruição (lembrando sempre que isso jamais seria a vontade de vocês, pois tudo começa em outra dimensão), vocês seriam completamente anulados.

No planeta Terra, já ocorreram guerras espirituais que desceram e vocês se destruíram com armas de plasma.

Vocês não se lembram porque isso aconteceu num planeta anterior em que muitos de vocês habitavam e moravam. Vocês destruíram a vida nesse planeta, que agora chamam de Marte.

Também destruíram outros planetas pelos quais já passaram. Portanto, vocês podem (com guerra acima) destruir a vida na crosta, mas não podem destruir a vida no interior do planeta.

Quando vocês defendem a natureza, o meio ambiente, o que fazem é se autoproteger. Saibam que o planeta não precisa disso.

O planeta tem vida e grandeza próprias. A terra é um ser maior que alimenta o planeta. É um corpo com uma grande consciência, que abarca todos vocês, todas as consciências e todas as comunidades que aqui existem, em todas as dimensões, e os bilhões de seres vivos das mais diferentes formas. Portanto, é importante perceber que tudo o que fazem volta para vocês. E, por isso, não têm o poder de afetar este planeta como pensam que têm – essa é a limitação de vocês. Logo, tudo o que fazem diz respeito a vocês mesmos.

Se poluem os seus rios, não poluem os rios de baixo. As águas que estão no subterrâneo e correm no interior da Terra em alto volume são imunes às suas ações. Compreendam que, quando poluem os seus rios e matam seus peixes, estão matando vocês mesmos.

Vocês não interferem no campo de baixo, mas tudo é uma lei de causa e efeito, por isso os seres de baixo e também os seres de cima estão todo o tempo atuando e trabalhando com vocês na regulação do mundo.

Como vocês vivem um mundo de polaridade, onde existem os seres que trabalham pela polaridade negativa e os que trabalham pela polaridade positiva, estão sujeitos a todo tipo de influência. Todas as duas naturezas de seres são permitidas neste mundo e nos mundos que aqui são sobrepostos.

Cabe a vocês aprenderem a lidar com a polaridade positiva e com a polaridade negativa; para isso, saiam desse raciocínio de bem e de mal, transcendam essa visão, tragam a visão do espírito.

Bem e mal sempre existirão na ótica de vocês durante muitos e muitos tempos deste mundo, dessas experiências e de todas as naturezas. Resta saber com o que vocês vibram e como vocês vibram, e como trabalham essas forças.

Onde vocês estão há o que existe em cima e onde vocês estão há o que existe embaixo, e todos esses seres se conectam com vocês e vocês podem se conectar com eles. Muitos são telepatas e entram em suas mentes.

Além desses seres, vocês podem se conectar com seres de outros planetas do seu sistema, como os seus irmãos de Vênus, que é o nome que vocês deram a esse planeta; com seus irmãos de Júpiter; seus irmãos de outros planos, de outros planetas muito superiores ao planeta Terra. Todos os planetas do universo acolhem experiências e vida de forma dimensional na crosta e internamente.

Para terem uma noção, existem planetas onde há raças de seres até parecidos com a estrutura humanoide de vocês, que possuem aproximadamente cerca de vinte, trinta, quarenta metros de altura. São seres gigantes, vivendo em planetas gigantes. Planetas que são muito maiores do que o astro Sol que vocês conhecem. Muitos, cerca de mil, duas mil vezes maior que o astro Sol. Há vida nesses planetas com outra densidade, com outra estrutura, com outro nível de consciência, onde os seres que lá vivem, por exemplo, são considerados deuses com poderes absolutos, onde coletivamente podem, inclusive, criar planetas. Essa informação transcende a visão de vocês sobre realidade, sobre o mundo que habitam, mostrando por um lado a grandeza do universo.

É bom que saibam dessa grandeza para que entendam onde estão e como se identificam com as coisas, como agigantam os próprios problemas. Está na hora de vocês começarem a transcender os problemas ascendendo à grandeza que possuem, ascendendo à grandeza do espírito, olhando para tudo a partir de um outro lugar, muito maior do que o lugar onde se colocam.

A partir do momento em que começam a se conectar com a grandeza do lugar que ocupam, vocês lidam com a realidade de uma forma muito melhor, porque os problemas e os desafios vão existir até o último dia das suas vidas, e essa é uma condição na qual todos se encontram.

Resta a vocês o poder e a grandeza de escolher como lidar com as coisas e assim trazer o significado da própria vida, colocando-se em um prumo de alta qualidade, de alta vibração, mesmo com as dificuldades que podem estar vivendo. Com grandeza, é possível trazer soberania não sobre os outros, mas sobre tudo o que a vida representa e o que ela faz com vocês.

Sejam soberanos, estejam acima de tudo isso. A altitude de cada um abre conexão e vibração a partir do momento em que vocês se abrem pela fé, e com isso podem passar a se conectar com outros seres da mais alta grandeza no interior da Terra, nas realidades sobrepostas que existem na crosta, com seres que habitam os planos superiores e outros planetas do seu sistema solar.

Dependendo do seu grau de grandeza, de fé, de vibração e de sustentação, vocês poderão se conectar com energias muito finas, com outros seres dimensionais de planetas muito, muito distantes do seu sistema solar. E, dependendo da permissão do portal das estrelas e dos guardiões dos portais dimensionais das galáxias, poderão atravessar o espaço cósmico, como uma sintonia de frequência de rádio. Tudo isso está para todos vocês e sustenta o jogo.

Vocês são frequenciais e podem se sintonizar numa frequência de rádio universal, espiritual, desde que se abram para isso.

Muitos podem perguntar: como eu sei se estou conectando ou não? Quem conecta sabe. As conexões com outros seres vêm com informações que chegam em pacotes prontos, outras vezes chegam por meio de sons. O contato com outros mundos não acontece de forma primitiva, como vocês se comunicam entre si.

Muitos seres de outras galáxias se comunicam por vocês, mandando mensagens sonoras. Elas não vêm por meio de voz, não vêm por meio de uma fala – não caiam nessa armadilha. As informações chegam de outras formas. Nos outros mundos, não existe a fala, não existe a palavra. Vocês ainda vivem dentro de uma condição extremamente precária, em que precisam de alguém transmitindo algo e alguém escutando uma sequência linear de palavras. Vocês precisam escutar, traduzir, interpretar para processar e ver o que é útil para o planeta Terra, e só então compreender.

Vai chegar um momento em que vocês não precisarão dessa quantidade de palavras para realizar uma troca informacional e energética. As trocas em outros planos são instantâneas. Algo como alguém tocar com o dedo em um ser e transmitir uma vida, e vice-versa.

Por isso, é importante que vocês expandam o entendimento de comunicação com outros seres de outros mundos, pois não vão receber informações da mesma maneira como se comunicam, não é assim que funciona em outros mundos, a informação simplesmente brota, nasce.

A partir do momento em que estão abertos a tais informações, vocês fazem a conexão com outros seres de outras dimensões, não precisando de intermediários.

Quero mostrar também que vocês têm o direito de manter essas conexões desde que passem a vibrar na mesma frequência, que passem pela jornada de vida não com um desejo apenas de se conectar com esses seres, mas de evoluir, abrindo novos níveis frequenciais.

Outros seres têm muito a lhes ensinar sobre o jogo, trazendo alta atitude, alta qualidade à vida de todos vocês, trazendo um outro nível vibracional. Vocês irão, por merecimento, fazer conexões com outros seres dimensionais, principalmente do mundo interno.

Isso não deveria ser um objetivo, mas sim um caminho feito pelo coração, e não pela mente. O coração humano chama à abertura para as conexões, entendendo que cada um não deveria tratar este assunto como mero objeto de curiosidade, mas, sim, como uma jornada de conexão para que possa assim se realizar na vida.

O que as conexões espirituais oferecem não é um passeio ao mundo espiritual, mas uma clara visão espiritual da sua realidade encarnada. O que importa é que essas conexões colocam cada ser em uma frequência de alta qualidade para se relacionar com as pessoas de sua comunidade, preparar um alimento, lidar com as decisões no seu trabalho de forma mais assertiva, projetar um negócio que faça sentido para si e para os outros, para regular melhor as suas condições no mundo financeiro, no mundo de troca.

À medida que vocês compreenderem o jogo, entenderão a estrutura do dinheiro que hoje existe na sua sociedade, poderão exercer uma profissão de acordo com a sua vocação, do grau e do *grid* de profissões distribuídas na estrutura atual do planeta. Tudo o que importa é que vocês olhem para a sua realidade e se relacionem bem com ela, com os bens materiais, com tudo o que têm, no volume que têm e lidem com isso com consciência.

Se vocês têm muito é para vocês terem muito, se vocês têm pouco é para vocês terem pouco até então, mas o que importa é que saibam lidar conscientemente com o fluxo que possuem. Se o fluxo estiver crescente, decrescente, estável, instável, não sofram, entendam que é do mundo material e do jogo em que vocês atuam. Não será fugindo do mundo material para o mundo espiritual que vocês irão oferecer qualidade de vida a si mesmos.

A razão para a sua existência é exatamente estar encarnado no mundo material. Se conseguirem abrir um campo de comunicação com os seres do interior ou exterior da Terra, não façam isso somente para saciar sua curiosidade ou para fugir da realidade da sua vida. Tal abertura ocorre para que vocês melhorem a si mesmos, no momento em que estão neste mundo, encarnados e operando. É para que façam o melhor do que está programado para fazerem, para que entreguem bem o seu trabalho, produzam melhor, amem da melhor forma possível. É também para que tenham consciência e usem bem o sexo, vivam bons momentos da sua vida com familiares e amigos, tenham a coragem de mudar coisas no mundo, prestem bem os seus serviços, construam melhor os seus produtos, ajudem a família, e também para que possam tomar as decisões de quem vocês querem ter por perto e de quem vocês não querem, com quais pessoas querem estar vibrando e com quais não querem.

Todo o propósito da sua expansão de consciência, de conexão com outros mundos e com outros seres, é para que estejam cada vez mais atuando encarnados dentro da sua vida enquanto ela existe, e não para vocês negarem este mundo, criticarem-no, ficarem condenando e penalizando as pessoas que aqui estão juntamente com vocês. Não é para tornarem este mundo pior do que já é, tampouco para ficarem fugindo, fingindo que nada está acontecendo.

Vocês são partícipes deste mundo do ponto de vista coletivo, do ponto de vista social, financeiro, sexual, amoroso, político, em todas as esferas. Vocês, de certa forma, são responsáveis, em menor ou maior grau, por tudo o que está acontecendo neste planeta, por cada gesto, por cada atitude, cada palavra que usam, porque essa é a sua responsabilidade.

Quanto mais vocês têm consciência espiritual de quem são e do que fazem, mais precisam atuar no mundo mundano, dentro do mundo, dentro da carne, dentro da matéria, dentro do sofrimento. Esse jogo é para ser vivido, e existe para fazer da sua vida algo melhor, e que ela possa influenciar outras vidas, expandindo seus horizontes, sua energia e trazendo uma nova faixa frequencial para o planeta.

Mesmo que a sua faixa seja pequena, essa é a sua missão. Precisam elevar sua frequência vibracional para que assim possam contribuir com o coletivo, contaminando frequencialmente – em níveis sutis e ao mesmo tempo elevados – outros dos seus irmãos que aqui estão porque, no fundo, são um só, uma coletividade que pensa, sente, pulsa, que veio do mundo espiritual e ao mundo espiritual voltará, mas é no mundo encarnado que está a grande provação.

Façam o seu mundo valer a pena. Tragam o melhor dos mundos para o seu mundo, tragam o céu para a Terra e tragam o mundo interior mais elevado da Terra para a crosta do planeta. Assim, vocês verão beleza na alegria, na tristeza, na dor, no amor, na esperança, na frustração... Sob todas as condições, vocês verão a beleza, a bondade e a luz, escura e branca, fundida na sua alma que é soberana e para sempre.

11
Acessando a Biblioteca

✦ ✦ ✴ ✦ ✦

É chegada a hora de todos vocês despertarem em relação às histórias passadas. É hora de recordarem os registros que possuem e que estão na grande biblioteca deste mundo, onde toda a história está registrada, principalmente a história de cada um, nas diversas presenças que tiveram aqui neste planeta, experimentando os jogos de poder e de controle, onde, por vezes, vocês estiveram controlando e sendo controlados.

Vocês tiveram todas as experiências que puderam ter até este momento, como nem imaginam. No entanto, vivem exatamente neste momento o prenúncio de uma grande transformação, que pode se dar por uma dor muito aguda ou por dores suaves, pela luz ou pelo equilíbrio das ações das sombras que são imponderadas neste planeta para cumprir o jogo da polaridade.

Quando nós falamos de campo, de todas as informações, no fim das contas, elas são registradas no físico, e nesses aspectos físicos nós podemos ter acesso a muitas coisas pela nossa percepção.

Vou dar um exemplo para que fique claro o que nós queremos dizer sobre campo das informações. Como é que vocês podem acessar a grande biblioteca ou parte dela, que está disponível no planeta Terra?

Uma dessas informações, desses acessos, está nas pedras. Tudo que se passa neste mundo gera algum nível de emoção. Vocês, ao longo da história da raça da qual hoje fazem parte, que é a raça humana, produzem histórias, emoções, que se encaminham diretamente para campos vibracionais na natureza.

Tudo o que é mais longevo, mais perene na natureza retém as informações. As árvores retêm informações de todo aquele campo que chegou até elas. Porém, em algum momento, tais informações serão dissipadas, pois têm certa duração.

As pedras retêm informações por mais tempo que as árvores, pois contêm todas as histórias da humanidade. De certa forma, as histórias estão impregnadas na sua localidade, nas rochas, nas pedras, nas montanhas. Tudo fica impregnado, toda a história de vocês pode ser contada pelos seres da natureza que ficam quando vocês se vão.

Vocês devem pensar, então: isso significa que tudo o que a humanidade viveu, o que está registrado no planeta e tudo o que cada um viveu, pensou e viu ficou registrado no espírito? Sim.

Quando vocês vão embora, têm acesso a todos os registros, a tudo o que aconteceu. Vocês ficam muito orgulhosos quando se despedem de muitas coisas que fizeram. Alguns de vocês sentem-se muito tristes e decepcionados com tantos erros que cometeram e, quando partem, vocês mesmos fazem a programação para voltar e refazer aquelas situações todas de novo para recuperar o não feito e transcender.

Tudo o que vocês vivem é registrado no próprio espírito e no planeta, como dito, nos seres que aqui permanecem mais tempo do que vocês. Isso mostra como é curta e frágil a passagem de vocês pela Terra, diante de toda a história que existe neste pequeno planeta que vocês experimentam – vamos dizer, há um bom tempo.

São as rochas as grandes receptoras das informações. Como grandes contadoras de histórias, elas são vivas, latentes. Existe uma consciência nas rochas, não da maneira como vocês entendem, mas de uma forma bem menos arrogante do que a da espécie humana.

A espécie humana entende que ela é a mais inteligente. A inteligência existe em muitas facetas no mundo e só se consegue acessar essas facetas quando vocês se abrem a possibilidades para que a humildade os guie ao campo da sensibilidade e ao campo do sutil. São conexões sutis, que abrem portais para um entendimento que não é dito da maneira como vocês recebem as informações. As informações são sentidas e transmitidas em campos de energia e vocês devem então pensar: como então podemos acessar essas informações e aprender com elas?

Importante ressaltar que o propósito da humanidade é a evolução e o aprendizado, e vocês vêm evoluindo e aprendendo, repetindo as mesmas coisas durante centenas e milhares de anos, mas como sociedade ainda evoluíram pouco, perto do que intencionam evoluir. Uma palavra que traduz um pouco tudo isso é meta.

Vocês têm uma meta do ponto de vista coletivo. É uma meta ousada. Vocês vêm aprendendo bastante e repetindo muitas coisas. Aprendem muito pelo sofrimento – como optaram –, mas vocês têm outros caminhos para aprender. No entanto, vocês realmente preferem o sofrimento, por isso que vão embora, voltam, vão embora, voltam, reencarnam, repetem situações duas, três, quatro, vinte, trinta vezes – repetem a mesma situação em várias reencarnações, porque o sofrimento é o caminho escolhido.

Este é um mundo no qual vocês vivem, e não é um mundo real porque ele acaba. Tudo o que acaba não é real, é transitório. É uma base, um fundamento para que vocês possam efetivamente conduzir a humildade e fazer pontes de conexões.

Os campos de informação estão no planeta e podem ajudar a humanidade a lidar melhor com todo esse sofrimento. Vocês podem se conectar com qualquer pedra, com qualquer rocha, que esteja alocada numa montanha, na base de uma montanha. Ali há informações que mexem com toda a sua estrutura vibracional.

Não há necessidade de escolherem uma rocha em detrimento de outra, todas fazem parte de um conjunto coletivo de informações impregnadas pelo campo sutil e denso que se chama rocha.

Como é que vocês podem fazer essa conexão? De uma maneira bem simples, e vou ajudá-los para que compreendam.

É por intermédio do seu coração que vocês se abrirão aos campos da informação.

Todos precisam reconhecer a consciência das rochas, e isso é crucial. E cada um de vocês faz isso por meio de um respeito profundo às forças da natureza e aos seres que compõem a natureza existencial do ecossistema – para que o planeta possa existir.

Entendam que este ecossistema está todo interligado, enraizado. Por cima e por baixo, existem *grids*, todas as informações estão conectadas e, se vocês não se abrirem de verdade e acreditarem nisso, qualquer esforço seu com intenção curiosa e ainda vivendo na sua ignorância será em vão. Curiosidade não abre espaço para os campos de informação.

Só existe um caminho para esses campos: o seu sentir verdadeiro. Significa uma crença efetiva naquilo que vocês estão se propondo a fazer. Se vocês se conectarem com a mais profunda humildade e sem nenhuma curiosidade, ocorrerá a conexão por merecimento. As rochas se comunicarão com vocês, não por palavras, porque isso não existe, mas por outros campos de informação.

Isso requer a telepatia e significa sentir o campo, sentir a informação vindo pronta até vocês. Creiam, ela vem pronta e vocês podem desvendá-la como se fosse um embrulho pequeno que chega e vão abrindo bem devagar. A partir do momento em que vocês abrem esse embrulho, outras informações vão se revelando, tudo vai se revelando e é assim que as informações chegam, transmitidas pelos irmãos da natureza.

Uma forma de atingir as revelações é relaxando junto às forças da natureza, que pode ser uma árvore, uma rocha, uma folha, um fruto. Ao tocá-los com as mãos, vocês se conectam. Experimentar o toque é muito importante, o toque sutil, amoroso e, ao mesmo tempo, respeitoso.

Quando vocês trazem a sua consciência para as mãos e as colocam na rocha, vocês criam uma ponte e passam a se sentir a rocha, abrindo mão da sua condição existencial humana, conectando-se no uno, a ponto de não saberem mais se o que está pulsando é a rocha ou vocês.

Quando conseguirem fazer esse trabalho ao final de vários exercícios, vocês sentirão o pulsar da mãe Terra na rocha, e tal comunhão é o objetivo do passo dois: a comunhão da existência.

A comunhão da existência abre canais informativos que chegam em pacotes. Quando essas informações chegam aos montes, em pacotes, você saem dali com certo grau de preenchimento e também com um conhecimento que vocês não conseguem traduzir nem explicar. O jogo do mundo fica mais claro, há uma sensação de preenchimento e de saber. Como se algo interno dissesse: *sei alguma coisa*. Vocês sentirão algo como: *eu sei, mas não dá para falar, não é possível falar, não existem palavras para traduzir o que acabei de receber*.

Esse estado, com o tempo, vai se diluindo e assim vocês vão poder, por vezes, escrever, traduzir. Ao escreverem, ao traduzirem, ao falarem, vocês já baixaram a frequência vibracional de um campo de saber, porque a escrita e a fala são uma comunicação de baixíssimo nível frequencial.

As comunicações mais poderosas se dão em pacotes, em sons, e ali há um livro armazenado, uma história, uma vida.

Quando vocês fazem essas conexões com os seres da natureza, ou como nós mencionamos, com as rochas, as pedras, vocês acessam o que são capazes de absorver.

Vocês não recebem tudo o que querem, pois, se a rocha ou a pedra transmitir tudo o que tem armazenado, vocês entrarão em curto-circuito. Vocês não têm a capacidade de absorver tudo que vai além do que é o seu campo vibracional. Então, por mais que as rochas sejam generosas, elas não selecionam para quem comunicam, simplesmente comunicam dentro da capacidade vibracional de cada um.

As rochas não fazem distinção de pessoas. Todo o caminho é para uma pessoa ou qualquer pessoa. Elas captam e transmitem informação de forma livre e aberta.

O que faz a diferença de um ser humano para outro é o seu nível vibracional, o seu nível de pureza. Quanto maior a pureza, o nível vibracional, maior a humildade e a verdade em relação aos seres da natureza. Os pequeninos seres da natureza percebem vocês melhor do que possam imaginar. Eles não se enganam.

Se vocês forem aptos, frequencialmente falando, serão capazes de produzir, escrever inúmeros livros somente com as histórias dos seres da natureza.

Os pequenos seres são capazes de contar para vocês histórias da Terra, histórias antigas, histórias que os seus livros já não contam mais, que os historiadores esqueceram. Eles são capazes de contar histórias de um período muito antigo do planeta, de coisas simplesmente fantásticas, fábulas e mitos que hoje representam o imaginário de vocês, que realmente ocorreram em épocas passadas.

Eles são capazes de contar para vocês sobre a era dos dragões que houve no planeta, a era de outras civilizações planetárias muito avançadas e que depois se extinguiram. Mesmo as rochas são capazes de contar muitas coisas, como histórias do interior da Terra que vocês não conhecem.

O interior do planeta Terra é muito mais antigo do que a crosta e suas histórias. As rochas são canais que vocês têm para que possam adquirir um outro tipo de sabedoria, muito mais antiga do que possam imaginar.

Os seres da natureza, as rochas, as pedras, as montanhas, as árvores, as plantas, e até mesmo os rios e as águas, transmitem outro tipo de informação, principalmente as águas do mar. Mas, no fundo, as águas todas estão conectadas com a grande mãe das águas que reside no interior do planeta, e ela faz o seu ciclo com os céus. A grande mãe das águas também é fonte de muitas informações. Vocês podem acessar muitas coisas, pois ela é um canal contínuo de transmissão de energia, extremamente poderoso.

Ela pode contar muitas histórias para vocês e revelar segredos que ocorrem bem no fundo do mar, dos grandes portais que existem no fundo dos oceanos.

Há muitos portais no fundo dos oceanos de onde saem seres, civilizações nascidas naquela região profunda. Existem muitos seres que habitam o fundo dos oceanos e que, muitas vezes, vêm para a superfície e depois voltam para o fundo. Alguns seres estão proibidos de vir à superfície.

Tem muita coisa acontecendo no seu mundo, muitos mistérios que ocorrem pelas águas, pelas rochas, e vocês podem ter acesso a isso.

Saibam que, no jogo do mundo, a evolução da raça humana, por meio da verdade e da pureza, abre caminhos para que vocês possam ter acesso a campos de informação e trazer algum tipo de conhecimento útil, para lidarem melhor com a própria vida, dentro da própria realidade. O mundo representa a realidade de cada um, e vocês podem buscar elementos e subsídios para lidar melhor com ela e com tudo que os cerca.

Vocês passam por uma transição muito interessante aos nossos olhos. Ela foi programada. Muitos de vocês estão desencarnando, muitos estão sentindo a necessidade de uma grande transformação pessoal e é exatamente o que é esperado que vocês façam. É hora de revisarem a própria vida e o jeito de ser. E vocês só farão isso com consistência se olharem para tudo aquilo que não querem ver.

Nós sabemos que isso não é fácil, e vocês podem buscar ajuda de outros irmãos do ponto de vista físico, econômico, social, psicológico. Mas só há um caminho para realmente transcender tudo o que ocorre neste momento com a raça humana: olhem para aquilo que vocês não querem ver, é reconhecendo o próprio lado, vamos dizer, menos agradável que tudo se revela.

Vocês estão no início de uma transformação e de um ciclo. Uma hora esse ciclo irá se fechar e se transformar. Assim segue a sociedade de vocês.

12
FIM DE UM CICLO

✦ ✦ ✷ ✦ ✦

De quanto tempo será o ciclo de entrada chamado de luzes fotônicas?

A entrada de luz no planeta para regular o jogo da polaridade demora aproximadamente duzentos anos no tempo de vocês. Não esperem que isso acabe ainda com vocês em vida; é apenas o início de uma grande jornada e, para isso, todos irão enfrentar guerras. As guerras de vocês com vocês mesmos, as guerras internas, as guerras das famílias, as guerras políticas.

Vocês estão em um mundo neste momento de muita polarização, isso faz parte da entrada da luz, pois tudo está sendo questionado, revisto, e só vai haver espaço para uma coisa neste novo ciclo: a verdade.

A verdade será soberana, as mentiras cairão por terra. As estruturas mentirosas não durarão muito tempo e, mesmo com as guerras, a verdade irá prevalecer. Mais cedo ou mais tarde e no tempo de vocês, com volume de luz fotônica, a mentira perecerá, e isso está em ritmo acelerado. As pessoas que não vivem na própria verdade irão enlouquecer, muitas vão querer tirar a própria vida por não mais aceitar o passado e não acreditar que possam mudá-lo. A negação de sua própria história com tudo que se transformou passa a ser um motivo para o indivíduo tirar a vida. Pode ser que seja o desígnio da pessoa tirar a vida e pode ser que não seja, e, se não for, o espírito não ficará satisfeito e voltará numa próxima encarnação na qual passará por todos os desafios novamente, sob novas roupagens e novos formatos até chegar ao ponto, também, de a pessoa querer se matar e precisar aprender que não é para se matar, se esse for o desígnio do espírito.

Vocês só vão ter acesso à clareza de sua jornada quando realmente começarem a se limpar, a trazer a beleza do seu ser para fora e a clarear os seus horizontes. Mas, para isso, precisam ir ao encontro de tudo aquilo que não querem ver: o seu lado sombrio.

A raça humana é constituída de um lado de luz e outro sombrio, faz parte da estrutura, do jogo e da formação psicológica que foi criada pelos engenheiros geneticistas do mundo espiritual.

É hora de todos reconhecerem que o lado sombrio é o lado do aprendizado, e ali cada um irá se conhecer e aceitar coisas que eram inaceitáveis, para que possa transcendê-las, integrando luz e sombra, espírito e carne, terra e céu.

Tudo é uma integração, não será fugindo da própria sombra e procurando a sua luz que vocês encontrarão a paz. Quando vocês forem para a sua luz, seu espírito irá lhes comunicar: *não é isso que eu quero; eu quero que você integre a sombra com a luz, e esse é o seu grande desafio.* Nesse momento, vocês entrarão em um novo nível frequencial mais sutil e se conectarão a muitos outros campos. Um estado de sabedoria tomará conta do seu coração e as coisas começarão a se revelar.

Isso não significa que os problemas irão desaparecer. Eles não desaparecem, os problemas existem, os desafios vão continuar persistindo no mundo, mas a sua sabedoria passará a reinar na maneira de lidar com os problemas, de encarar os desafios e os infortúnios. Tudo se movimenta rumo à verdadeira transformação, sempre de dentro para fora, e não de fora para dentro.

Acreditem com convicção no que é de verdade. A cada momento, lembrem-se de que vocês são a síntese de tudo o que viveram, é importante vocês dizerem para si: *tudo o que eu sou começa agora.*

Nos momentos mais difíceis, nos momentos de maior dor, de mais angústia e desespero que possam ter, nesse momento de transição de ciclo, de início de um novo período, lembrem-se de dizer: *tudo o que eu sou começa agora.*

Daqui a algum tempo, meses, anos, vocês já não serão mais as mesmas pessoas e irão dizer para si: *tudo o que eu sou começa agora.* Porque vocês estão sempre começando até que a sua jornada termine.

No seu último respiro, vocês ainda poderão dizer: tudo o que eu sou começa agora. Até que termina, porque sempre vai ser a síntese de tudo o que vocês viveram e, se souberem reger bem a vida, a sua síntese sempre será melhor do que a síntese do dia anterior, que será melhor que a síntese da semana anterior.

Haverá dias de chuva e de sol, dias lindos e outros nem tanto, dias sombrios e iluminados, pois a polaridade sempre fará parte da sua vida. No entanto, a maneira como vocês lidam com ela é que trará a síntese da grandeza, a síntese da evolução e de tudo o que vocês são, começando naquele momento.

É o seu esplendor acontecendo a cada instante. Por vezes, vocês podem passar por uma tormenta que parece não ter fim, mas vejam que a tormenta nunca é maior do que vocês, ela sempre vem à altura do que vocês são desde que compreendam a sua altura. Mesmo que caiam, fraquejem, se desesperem, tudo faz parte da sua jornada, e lembrem-se de que tudo o que vocês são começa agora.

Busquem a conexão nas forças da natureza, nas montanhas, nos rios, no ar, nas flores, nas florestas, nos mares, nas pedras, nas árvores, nos pequenos seres da natureza, para que o estado de sabedoria entre em um nível mais profundo e atravesse todas as tormentas, os momentos difíceis e consiga abraçar os dias bons, reservados para vocês de uma forma digna. Vivendo dessa maneira, vocês criam condições nobres para encerrar a sua jornada e se preparar para a nova jornada com novos desafios, sem necessariamente precisarem repetir o que já passaram nesta vida.

Só vocês podem saber como mudar, porque tudo está escrito no seu coração.

Vocês precisam de clareza e tranquilidade para escutar o seu coração, e assim fazerem a sua síntese, porque tudo o que vocês são começa agora.

Tudo é um jogo e vocês estão bem dentro dele agora. Joguem bem!

LIVROS CANALIZADOS POR L.B. MELLO NETO

Círculo sagrado de luz
É uma compilação de canalizações realizadas presencialmente a partir de seres de diversas dimensões. As mensagens, em forma de perguntas e respostas, são reveladoras e disruptivas quanto ao entendimento do mundo espiritual e da realidade humana.

Orações do Sol
Uma pérola poética e transformadora. O livro contém quarenta orações inspiradoras que impactam a estrutura mental, emocional e espiritual das pessoas. Há diversos relatos sobre como o livro propiciou ativações de cura.

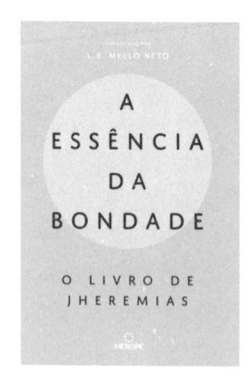

A essência da bondade

Com uma linguagem forte e direta, a consciência pleiadiana Jheremias traz uma abordagem diversa sobre o significado da bondade. Com informações que desmontam crenças antigas, o livro esclarece e inquieta ao revelar às pessoas outras formas de se movimentar na vida e lidar com seus semelhantes.

Quem é você

Cada pessoa está muito além do que imagina ser. É hora de abrir o coração para a mais profunda ligação espiritual da existência. Esse livro é um portal de informações pleiadiano que ativará conhecimentos antigos e lhe dará condição de estabelecer uma conexão mais estreita com todo o universo.

Toda doença é uma cura

Texto revelador que aborda temas sensíveis ligados à existência como um todo, explica as causas e os movimentos cósmicos que afetam as estruturas físicas, mentais e emocionais que nos cercam, além de reconectar o leitor com conhecimentos antigos que regem toda a história da humanidade.

TIPOLOGIA: Glossa Text [texto]
Cinzel [entretítulos]
PAPEL: Off-white 80 g/m² [miolo]
Cartão 250 g/m² [capa]
IMPRESSÃO: Formato Artes Gráficas [outubro de 2023]